Da Consciência Rebelde à Holoconvivialidade Pacífica

EXCERTOS AUTOBIOGRÁFICOS POR VERBETES

Marlene Koller

Da Consciência Rebelde à Holoconvivialidade Pacífica

EXCERTOS AUTOBIOGRÁFICOS POR VERBETES

EDITARES

Foz do Iguaçu, PR - Brasil
2020

1ª Edição – *Paperback*.

Os pareceres, as revisões de conteúdo, as revisões gramaticais, a diagramação e a capa desta obra foram realizadas exclusivamente por voluntários da Conscienciologia.

Editora: Meracilde Daroit.
Capa: Daniel Ronque.
Revisão: Eliana Manfroi, Liliane Sakakima, Maria Regina Camarano, Miriam Kunz e Oswaldo Vernet.
Diagramação: Guilherme Kunz.
Impressão: Midiograf.

Dados Internacionais de Catalogação na Publicação (CIP)

K81c Koller, Marlene
Da consciência rebelde à holoconvivialidade pacífica : excertos autobiográficos por verbetes. / Marlene Koller ; [Prefácio de Elizabeth Rodrigues] – Foz do Iguaçu : Editares, 2020.

110 p.

Inclui bibliografia.
ISBN 978-65-86544-06-0

1. Conscienciologia. 2. Grupocarmologia. I. Rodrigues, Elizabeth. II. Título.
CDU 133

Tatiana Lopes CRB 9/1524

EDITARES®

Associação Internacional Editares
Av. Felipe Wandscheer, 6.200, sala 100D, Cognópolis
Foz do Iguaçu, Paraná, Brasil, CEP: 85856-850
Tel/Fax: +55 (45) 2102-1407
E-mail: comercial@editares.org.br – *Website: www.editares.org.br*

Este livro é uma retribuição aos amparadores extrafísicos pelos aportes e oportunidades existenciais recicladoras recebidos nesta existência. A eles, dedico este livro.

*"**Grafopensene.** Pela repercussão da tarefa do esclarecimento se mensura o legado evolutivo. A maior **honestidade grafopensênica** é a conscin autora escrever sobre o que vivenciou."*
(Vieira, 2014b, p. 764)

Sumário

Termo de Gratidão

Aprendizado. Mais do que agradecer, espero ter aprendido a ponto de poder ter contribuído no trabalho de cada qual, a quem expresso este termo de gratidão:

Rose Garden. Consciex amparadora do *Centro de Altos Estudos da Conscienciologia* (CEAEC), orientando os trabalhos na Natureza e sugerindo inovações no *Campus.*

Veronesa. Consciex técnica em plasmagem de ambientes assistenciais extrafísicos, pela prestimosa acolhida em orientar o paisagismo dos jardins no *Caminho da Lógica,* CEAEC.

Xamã. Consciex especialista em energias, pelo acompanhamento nos desassédios ambientais e sugestões de procedimentos junto à Natureza.

Xamã Paraguaia. Consciex especialista em questões internacionais, pelos aportes e amparo para integração de nossos povos.

Zéfiro. Consciex responsável pela aglutinação do Grupo Evolutivo. Grata pelas oportunidades.

Marlene Koller
Cognópolis, Foz do Iguaçu, PR, dezembro de 2019

Experiências Recinológicas

Tenho a honra e o prazer de apresentar esta obra, repleta de experiências enriquecedoras da intermissivista Marlene Koller. Uma obra concebida e elaborada com base nos *princípios da Conscienciologia,* ciência proposta pelo médico e pesquisador Waldo Vieira (1932-2015).

Convido você, leitor ou leitora, a se deliciar com a leitura desta obra recinológica, repleta de detalhes estimulantes e motivadores sobre a autorreciclagem existencial. O abertismo e exemplarismo da autora estimulam a reflexão quanto à evolutividade e convidam cada consciência a assumir o protagonismo de sua História Pessoal.

Os capítulos desta obra se sucedem de maneira harmônica e esclarecedora, partindo da história pessoal da autora com a apresentação da transição entre a condição de consciência rebelde à conscin interessada na evolução pessoal e grupal, do diagnóstico das relações grupocármicas com a identificação dos travões familiares e compreensão dos níveis evolutivos, da estratégia para a conscientização da retribuição interassistencial ao grupocarma familiar através da técnica do levantamento dos aportes e a assunção da responsabilidade pessoal a partir do papel de farol evolutivo dentro do grupo. A autora apresenta, ainda, aspecto importante da sua identidade e atuação proexológica para então se debruçar sobre o processo da autorreestruturação pensênica e alcance da holoconvivialidade sadia.

A autora se vê na teática dos aprendizados que levam a conscin à reestruturação pensênica pessoal, uma conquista inadiável e intransferível de todos os intermissivistas. Assim, cada capítulo traz uma questão premente a ser aprendida, superada ou conquistada visando os acertos e reconciliações grupocármicas.

Aos leitores, ficam a oportunidade e o privilégio de aproveitar as vivências aqui relatadas e experimentadas em nível de excelência pela intermissivista Marlene Koller.

Elizabeth Rodrigues
Pesquisadora da Conscienciologia
Cognópolis, Foz do Iguaçu, fevereiro de 2020

Registros Verbetográficos

Livro. Apresento ao leitor neste primolivro o resultado da experiência pessoal. Inicialmente expressa na forma de verbetes, defendidos em tertúlias conscienciológicas e publicados na *Enciclopédia da Conscienciologia;* mas também nas diferentes condições enquanto aluna assistida, assistente retribuidora docente e assistente contribuidora propositora de aulas e cursos conscienciológicos.

Motivação. A grafopensenidade foi o meio em que empreguei autesforços e autorreforços lúcidos para acesso em vida futura. Assim terei maiores chances de reencontrar as ideias da Ciência Conscienciologia, e evitar os percalços da atual existência, os quais, aqui nestas páginas, deixo encriptados ou explícitos profilaticamente para mim.

Paradigma. As ideias aqui apresentadas têm base no Paradigma Consciencial[1], teoria-líder da Conscienciologia, com pesquisa participativa, considerando 4 premissas, dispostas em ordem alfabética:

1. **Bioenergética.** A interação energética da consciência com o Cosmos. Pois, a vida nesta dimensão é energética. Tudo é energia: a terra, os móveis, carros, nosso corpo.
2. **Holossomática.** A existência de 4 veículos de manifestação da consciência, sendo o corpo físico ou soma; o corpo das energias ou energossoma; o corpo das emoções ou psicossoma e o corpo mental ou do discernimento, o mentalsoma.
3. **Multidimensionalidade.** A realidade multidimensional sendo de milhares de outras dimensões onde a consciência pode se manifestar.
4. **Multiexistencialidade.** A consciência tendo múltiplas vidas ou ressomas em diferentes dimensões. Nascer milhares de vezes e com um novo corpo a cada vida.

---

[1]Vieira, 1999, p. 22 a 32.

Tenepes. A vivência e o entendimento do paradigma consciencial levaram-me à prática da *t*arefa *ene*rgética *pes*soal (tenepes)[2]. Essa ferramenta foi fundamental para os encaminhamentos dos credores pessoais, tanto do grupo familiar, quanto as consciexes do passado remoto ainda presentes. Iniciei a tenepes em abril de 1994. Foi um divisor de águas na minha evolutividade.

Autorreciclagem. Vejo a reciclagem pessoal como um qualificador na, e para a tenepes. Qual corredor, ela se insere ali, e vai modificando o tenepessista e o entorno. No início, nem sempre as mudanças ocorrem com lucidez para esse processo, porém, depois, com o passar do tempo, o próprio tenepessista promove as renovações intraconscienciais. Quanto mais reciclagens, mais qualificação da prática assistencial para o assistente e para os assistíveis.

Profundidade. Algumas mudanças, com profundidade, indo na raiz, ocorrem e podem ser percebidas pelo tenepessista. Porém, muitas são imperceptíveis a curto prazo. O entendimento de certos conceitos, os neoconceitos, ou mesmo a reformulação de palavras antigas renovam a roupagem existente. Por exemplo, o uso do neologismo tenepes (*t*arefa *ene*rgética *pes*soal) ao invés da expressão "passe para o escuro" traz o conceito claro e a nova roupagem da realidade na palavra. É um trabalho de doação energética e isso está explícito na designação.

Tertuliarium. As apresentações dos verbetes no *Tertuliarium,* defesas públicas intra e extrafísicas, chancelam a condição positiva por um lado e, por outro, deixam explícita a ruptura com a condição patológica e o posicionamento claro da conscin verbetógrafa quanto à assunção das reciclagens a partir de neocondutas profiláticas. *Reciclagens qualificam interassistências.*

Autoinclusão. A convocação aberta à participação de neoverbetógrafos na *Enciclopédia da Conscienciologia* foi feita pelo professor

---

[2]**Tenepes** (*t*arefa *ene*rgética *pes*soal) é a transmissão de energia consciencial (EC), assistencial, individual; programada com horário diário, da consciência humana, auxiliada por amparador ou amparadores; no estado da vigília física ordinária; diretamente para consciexes carentes ou enfermas, intangíveis e invisíveis à visão humana comum; ou conscins projetadas, ou não, próximas ou à distância, também carentes ou enfermas (Vieira, 1996, p. 11).

Waldo Vieira, na Tertúlia 473 – Aparecimento dos Evoluciólogos, no dia 20.02.2007. A partir daí, a autoinclusão verbetográfica representa o aglutinamento grupal pelo traço mentalsomático. Portanto, a titulação dos verbetes é replicada na denominação dos capítulos deste livro para reforçar o autocomprometimento com o grupo evolutivo pelas ideias.

Cronoevoluciologia. Cada capítulo recebe o título homônimo ao verbete apresentado no *Tertuliarium*, no *Centro de Altos Estudos da Conscienciologia* (CEAEC), Foz do Iguaçu, PR. Entretanto, a sequência capitular do livro corresponde ao da reciclagem pessoal, e não à cronologia das defesas verbetográficas.

Capítulos. Segundo a *Autevoluciologia*, eis os 7 capítulos ordenados numericamente:

1. **Consciência Rebelde.** Verbete apresentado na Tertúlia de nº 2.965 em 18.03.2014. O desenvolvimento desta temática serviu para mapear a manutenção, gradação e resolução dos traços de rebeldia.
2. **Travão Familiar.** Verbete apresentado na Tertúlia de nº 1.883 em 29.03.2011. Este estudo analítico levou à recomposição grupocármica e as repercussões na atual existência e nas futuras.
3. ***Técnica de Levantamento dos Aportes.*** Verbete apresentado na Tertúlia de nº 3.856 em 25.08.2016. Neste capítulo enumerei os aportes recebidos no decorrer dessa existência gerando imensa gratidão e responsabilidade.
4. **Farol Evolutivo Grupocármico.** Verbete apresentado na Tertúlia de nº 4.138 em 03.06.2017. Este tema foi sugerido pelos amparadores durante a prática da tenepes para que eu refletisse o quanto a consciência mais lúcida que os demais pode se tornar sinalizador evolutivo.
5. **Década Ambiental.** Verbete apresentado na Tertúlia de nº 3.616 em 29.12.2015. Este talvez seja o capítulo de minha maior identificação, pois percebo o ganho pessoal e interassistencial com a interação energética com a Natureza.
6. **Autorreestruturação Pensênica.** Verbete apresentado na Tertúlia de nº 3.876 em 14.09.2016. O interesse pelo funcionamento do cérebro associado ao neologismo *pensene* me levou à ideia de criar um curso para compor o quadro curricular do *Centro de Altos Estudos da Conscienciologia* (CEAEC).

7. **Holoconvivialidade Pacífica.** Verbete apresentado na Tertúlia de nº 2.605 em 23.03.2013. Buscando fechar com chave de ouro, neste capítulo 7 retomo o tema das interrelações conscienciais, e percebo que só com ela se consegue superar os gargalos de convívio na aplicação do *ciclo erro-aprendizado-acerto.*

Grafia. Privilegiei a redação concernente à grafia adotada pela *Enciclopédia da Conscienciologia* (EC) para ser coerente tanto com as fontes deste livro, que foram os verbetes de autoria pessoal, quanto com a intenção sincera de autorreconhecimento e autorrevezamento em vidas humanas futuras, ensejando encontrar os verbetes ou esta autografotares.

Gescon. Considero esta gescon autocontribuição para refutar os próprios enganos, mentiras, lavagens cerebrais, achismos, crendices e dogmas, sendo o *princípio da descrença* (PD), postulado da Ciência Conscienciologia, a vacina para tais tolices: ***Não acredite em nada, experimente, tenha suas experiências pessoais.***

Boa leitura!

A Autora

evolua49@gmail.com

Capítulo 1

Consciência Rebelde

Tertúlia 2.965

> **Rebeldia.** A **rebeldia,** em muitos casos, é efeito da vaidade ferida da personalidade do rebelde, uma reação primitiva ou pré-humana.
> (Vieira, 2014b, p. 1.423)

Definição. A *consciência rebelde* é a conscin ou consciex apresentando manifestações contrárias aos padrões estabelecidos pela Socin ou Sociex, arrogando a si direitos e criticando, de maneira exacerbada, o conjunto de regras conviviológicas vigentes[3].

Megapensenologia. Eis megapensene trivocabular sintetizando o tema: – *Inexiste rebeldia eterna.*

Motivação. O desenvolvimento desta autopesquisa foi direcionado para mapear a manutenção, gradação e resolução da autagressividade a fim de atender os bolsões holopensênicos bélicos (arrogância, rebeldia, poder) a partir da análise e reciclagem pessoais.

Bolsões holopensênicos. As atitudes e pensamentos rebeldes acessam bolsões holopensênicos semelhantes, no caso, afins ao belicismo. Não sejamos ingênuos quanto à rebeldia, à agressividade, à arrogância e ao poder. Existe gradação entre essas patologias que podem ser amenizadas, diminuídas, sanadas. Só assim, adquirindo a autoridade moral da superação do traço nosográfico, poderemos assistir, de fato, os holopensenes patológicos dos quais já não mais fazemos parte.

---

[3]Koller, 2018, p. 6.560.

Gatilhos. É necessário observar o *modus operandi* da rebeldia, por exemplo, nas 4 situações listadas em ordem alfabética, a fim de identificar, monitorar e decidir reciclar:

1. **Críticas.**
2. **Discussões.**
3. **Filas.**
4. **Trânsito.**

Característica. A agressividade é característica humana. Os animais e as plantas usam a agressividade para a autodefesa. Não há intenção de serem agressivos. Já o humano, o *Homo sapiens sapiens,* usa da agressividade e da rebeldia para afrontar, primeiro a si mesmo, ainda que inconscientemente, e depois, ao outro.

Afronta. A crítica ao modo de afronta, ainda mais quando fora de contexto, não é nada proveitosa. É aquela feita sem informação, sem fundamentação e sem intenção de ajudar. Não busca a equalização na análise do meio circundante ou do tema em questão. Como falar ou afirmar sobre algo ainda desconhecido? É inteligente reconhecer o limite do próprio saber, se permitir a condição de estar errada, buscar informações para aplacar a rebeldia.

Apriorismose. Nesse sentido, é preciso evitar ser rebelde sem causa, aquele que não espera, não tem a informação correta, não metaboliza o conhecimento, nem tampouco o esclarecimento recebido e responde de modo agressivo. *A apriorismose é um tempero da conscin rebelde.*

Hierarquia. O fechadismo acarreta a busca pelo poder, levando a consciência rebelde a rejeitar a hierarquia. Perante a classificação evolutiva, ela continua rebelde, não tem respeito à gradação da evolutividade alheia. É inteligente acatar a hierarquia cosmoética para se renovar, moderar o orgulho, a prepotência.

Escala. Cada qual deve localizar a gradação dentro da *escala evolutiva das consciências*[4] promovendo o autestudo e a autanálise dos traços a serem trabalhados, reformulados e conquistados para subir na

[4]Vieira, 2003, p. 198.

hierarquia evolutiva, conforme a tabela com 14 personalidades, a partir da hipótese didática do Serenão (modelo evolutivo):

Tabela 1 - ***Escala Evolutiva das Consciências***

Consréu Transmigrada	Conscientia transmigrans	10% do Serenão
Consréu Ressomada	Homo sapiens reurbanisatus	20% do Serenão
Pré-serenão Vulgar	Homo sapiens sapiens	25% do Serenão
Isca Inconsciente	Homo sapiens assistens	25% do Serenão
Tenepessista	Homo sapiens tenepessista	25% do Serenão
Projetor Consciente	Homo sapiens projectius	30% do Serenão
Epicon Lúcido	Homo sapiens epicentricus	35% do Serenão
Conscienciólogo	Homo sapiens conscientiologus	40% do Serenão
Desperto	Homo sapiens despertus	50% do Serenão
Semiconsciex	Homo sapiens semiextraphysicus	60% do Serenão
Teleguiado Autocrítico	Homo sapiens teleguiatus	65% do Serenão
Evoluciólogo	Homo sapiens evolutiologicus	75% do Serenão
Serenão	Homo sapiens serenissimus	100% (modelo)
Consciex Livre (CL)	Conscientia libera	∞ Evolutivo

Amparo. Se não aceita a hierarquia evolutiva, como aceitar a assistência do amparo? Consequência lógica, a rebeldia provoca o afastamento do amparador, pois este não encontra ambiente favorável para auxiliar.

> Em certo nível de autocorrupção, o amparador nada mais pode fazer para se interpor assistencial e cosmoeticamente entre o praticante e os seus assediadores, a não ser fazer uma *retirada estratégica*, aguardando *melhores tempos para assistir*, deixando o cenário porque *não está agradando*. Infelizmente[5].

Aprendizado. A pessoa exaltada não favorece a conexão com o amparo. O ideal é aprender a estar calmo e relaxado percebendo as energias no próprio entorno, identificando o amparo pessoal.

Binômio superação-recomposição. A superação da condição patológica conduz à autexposição sincera, sem reatividade, abrindo mão de estar pronto para o ataque, facilitando assim, a aproximação com o amparo e a recomposição com o grupocarma.

[5]Vieira, 1996, p. 18.

Convívio. Quando predisposta a mudar, com decisão e vontade, a consciência opta por circular em outros grupos, evitando, num primeiro momento, aqueles em que o gatilho da rebeldia é deflagrado.

Caracterologia. Eis, por exemplo, listadas em ordem alfabética, 11 manifestações costumeiras passíveis de serem identificadas na consciência rebelde:

01. **Açodamento.**
02. **Apriorismose.**
03. **Arrogância.**
04. **Ausência de visão de conjunto.**
05. **Exacerbação.**
06. **Falta de perspectiva.**
07. **Ilogicidade.**
08. **Imposição.**
09. **Orgulho.**
10. **Provocar falatório exagerado para não ouvir.**
11. **Reatividade.**

Profilaxia. Eis, em ordem alfabética, 7 atitudes passíveis de serem implementadas no cotidiano da conscin interessada na evolução pessoal a fim de redimir o traço da rebeldia:

1. **Autanálise.** O costume de ficar mais calado, observando e controlando a autoprecipitação.

2. **Autoconhecimento.** A observação do gatilho, do *start* da rebeldia.

3. **Autocontrole.** A lembrança antecipada de, em qualquer conversa, evitar a adrenalina.

4. **Cosmoeticidade.** A experiência prática da *Cosmoética Destrutiva*[6].

5. **Disponibilidade.** O exercício do voluntariado conscienciológico, onde a consciência pode iniciar a compreender e praticar a interassistencialidade.

6. **Sustentabilidade.** A autoimposição em ser bombeiro ao invés de colocador de lenha na fogueira.

---

[6] *Cosmoética Destrutiva* é a destruição cosmoética de algo impróprio evolutivamente visando o aperfeiçoamento pela reconstrução (Vieira, 2018, p. 18.487).

7. **Tecnicidade.** A aplicação da técnica das compensações intraconscienciais[7].

Ciclos. O *ciclo dos aborrecimentos* pode favorecer as reciclagens necessárias. Por exemplo, os filhos podem ser um corredor de reciclagens. É necessário assumir as desavenças e seguir em frente buscando a resolutividade para transformar o *ciclo dos conflitos* em *ciclo de soluções.*

Tenepes. Papel fundamental para o *adoçamento* da rebeldia, colocando-se na condição de limpar os traços do passado, de maneira constante ao lado do amparador, é a prática da tarefa energética pessoal (tenepes). As reciclagens intra e extraconscienciais tornam-se visíveis.

Teática. A tenepes ajuda a mudar para melhor a manifestação pessoal, pois inicia-se cotidianamente cada sessão interassistencial exteriorizando energias a quem prejudicamos de algum modo no decorrer do dia, ocasionando o desapego dos traf*ares* e o atendimento aos credores grupocármicos. Com a experiência, pode-se chegar à tenepes 24 horas, condição de prontidão assistencial ininterrupta[8].

Preparação. Antes de iniciar, busquei informações sobre a tenepes para me preparar para o desafio. Ficava pensando em marcar data específica para o início e também escolher o melhor horário, pois trabalhava 8 horas por dia. Tinha muitas dúvidas sobre a realização da técnica e sobre o amparo. E assim, sucediam-se os dias perdida em preocupações aparentemente desnecessárias. Parti para a ação. Deixei de fumar e segui observando a relação de itens de impeditivos à prática interassistencial energética. Protelei. Era final de março de 1994, e permanecia sem posicionamento. Definia o horário e deixava pendente a data de início. Marcava e não me dispunha para a técnica. Mas enfim, iniciei em 15 de abril de 1994. O medo de não acontecer nada e de não perceber nada era imenso. Deitei e trabalhei as energias e logo percebi a aproximação da amparadora, as exteriorizações energéticas e o momento de encerramento dos trabalhos. Essa experiência foi de um valor

[7]Vieira, 1997, p. 56.
[8]Alegre, 2018, p. 21.948.

incalculável. A alegria em participar de equipe voltada à interassistencialidade foi indescritível. Contava o número de exteriorizações.

Sincronicidades. Passei a observar as sincronicidades nos encontros e os nomes a serem direcionados para a tenepes. Analisava quando ocorria, por algum motivo, ou outro, a mudança de trajeto e nele encontrava determinadas pessoas com necessidade de atendimento.

Atuação. Minha atuação sempre foi forte e abrangente. Combinei com o amparo para atender todos os envolvidos nesta existência intrafísica, desde o meu nascimento. E assim foi e está sendo. Tenho rememorações do andamento dos trabalhos. Priorizo o trabalho independentemente das rememorações, porém o amparo "dá uma colher de chá" fazendo lembrar de alguns aspectos relevantes para mim.

Credores. Segundo a *Autexperimentologia,* a pesquisa, o levantamento das consciências do grupocarma e a anotação imediata beneficiam a memória e a rememoração de projeções assistenciais passíveis de enriquecer o *Livro dos Credores Grupocármicos*[9] a fim de amortizar as dívidas do passado.

Autexperiência. Resoluta a registrar os credores, adquiri um caderno de 12 matérias, dividi em grupos de 5 folhas e coloquei em ordem alfabética. Inseri inicialmente meus pais, irmãos, avós, tios, primos, colegas de aula, professores, vizinhos, amigos e assim por diante. Certo dia, durante a tenepes, o amparador passou todos os nomes de colegas do terceiro ano do colegial. Impressionada, aventei a hipótese de muitas já estarem dessomadas e necessitadas de assistência.

Grupocarma. Nesse sentido, é recomendado observar se há casos em que a rebeldia é predominante entre os integrantes do grupo nuclear ou do grupo de convívio. E lógico, não esquecendo de observar a si próprio. Quando o grupo é unido pelo laço negativo, os integrantes tendem a conviver juntos até a supressão do traf*ar*. Enquanto tal não

[9] *O* **Livro dos Credores Grupocármicos (LCG),** *é o procedimento sistemático de a pessoa listar as conscins e consciexes com as quais teve contato ou conviveu, com o objetivo imediato de ressarci-las perante os débitos grupocármicos, a partir da gratidão, do perdão e da interassistência cosmoética;* ***Brito,*** *Ernani; &* ***Tornieri,*** *Sandra; Org;* Editares; *Foz do Iguaçu, PR; 2015.*

ocorre, ficam agrupados pela interprisão grupocármica. Alguns traços podem demorar até milênios para se dissiparem.

Exemplo. Dentre tais traços exemplificadores a serem enfrentados e resolvidos, estão: o alcoolismo; o egoísmo; a avareza; a drogadição dentre outros.

Família. Cabe ao integrante mais lúcido do grupo nuclear identificar o grau pessoal de responsabilidade a fim de atuar interassistencialmente.

Espelho. É sempre profilático observar os traços pessoais em outrem, qual espelho, para fazer a reciclagem o mais breve possível. Se há identificação, há afinidade, seja homeostática, seja nosográfica. *Não há ganhadores na rebeldia.*

Gratidão. Aos credores grupocármicos.

A CONSCIÊNCIA REBELDE ***EVIDENCIA TRAÇOS*** *IMATUROS, EGOICOS E ANACRÔNICOS,* ***EXIGINDO IMEDIATA RECIN.*** ***A REBELDIA É A*** *POSTURA ANTIASSISTENCIAL* ***AINDA CARACTERÍSTICA DAS CONSRÉUS BÉLICAS.***

Questionologia. Qual percentual de agressividade você ainda mantém na vida atual? O quanto já foi possível reciclar, amadurecer, apaziguar?

Capítulo 2

Travão Familiar

Tertúlia 1.883

> **Realismo.** A falta de realismo nas **atitudes** e posturas é travão evolutivo, levando à deficiência consciencial e obstruindo o autesclarecimento.
> (Vieira, 2014b, p. 1.422)

Definição. O *travão familiar* é o trafar, estigma, característica patológica, individual ou grupal, gerada pela idiossincrasia familiar capaz de cercear, amarrar, embotar, atrasar, impedir, reduzir ou obstaculizar o desenvolvimento evolutivo de parte ou de todos os membros da família, minando a homeostase inter e intraconsciencial[10].

Megapensenologia. Eis 3 megapensenes trivocabulares relativos ao tema: – *Travões geram reconciliações. Todo travão passa. Desdramatizar facilita reciclagens.*

Motivação. O estudo da recomposição grupocármica e as repercussões, nesta e em vidas futuras, foram motivos suficientes para eu investir na resolutividade do travão familiar.

Investigação. É importante cada qual observar o travão familiar, pois ele se revela no convívio diário.

Afinidade. A afinidade e os laços do passado fazem as biografias se cruzarem para os devidos acertos grupocármicos.

Memoriologia. A revisitação às memórias da atual vida intrafísica, pela conscin motivada, pode favorecer esse arrolamento exaustivo,

---

[10]Koller, 2018, p. 22.287.

preferencialmente realizado após a aplicação de técnicas de mobilização energética.

Parafatuísticas. Dentre os exemplos de ações que podem levar aos travões familiares e grupais destacam-se 6 ordenados alfabeticamente:

1. **Acidentes de percurso.**
2. **Acoplamento com consciexes alcoólatras.**
3. **Acoplamento constante com assediadores.**
4. **Doutrinação religiosa.**
5. **Manipulações anticosmoéticas.**
6. **Vulnerabilidade emocional.**

Profilaxia. Eis, listadas em ordem alfabética, 7 ações capazes de compreender, assistir, sanar, evitar e / ou prevenir os travões grupocármicos:

1. **Assistência às consciências envolvidas.**
2. **Atividades laborais e ludoterápicas.**
3. **Esclarecimento sobre a multidimensionalidade.**
4. **Esclarecimento sobre vícios autodestrutivos.**
5. **Exercício da recuperação da afetividade.**
6. **Incentivo à retomada da autestima.**
7. **Tratamento individual adequado.**

Aportes. O mapeamento dos aportes da ressoma ajuda a potencializar o trabalho de libertação grupocármica. Nesta vida, minha mãe foi aporte, protegendo e cuidando. É possível identificar outros aportes, por exemplo, a questão financeira, a mesologia com o local propício para a ressoma, ou as amizades.

Contrassenso. Por vezes eu mesma esqueci e até mesmo negligenciei alguns aportes. O fato de termos tanto, pode nos levar à desvalorização, o que deve ser evitado. Esse tema será abordado no próximo capítulo.

Funcionalidade. O travão familiar dificulta a funcionalidade do grupo. Retira a naturalidade dos relacionamentos. Pois a pessoa viciada tende a desrespeitar limites. Assim, a amizade, mesmo positiva, amarrota. O amor esmaece. A máquina familiar perde o azeitamento e sai do traçado, do planejamento. É um grupo a "andar de lado igual a siri". Desencoraja as pessoas, seja pela falta de vontade, pela falta de interesse ou, ainda, pela falta de conhecimento.

Drogas. Dentro do próprio grupo nuclear nesta existência, repetiu-se o travão de outras. No meu caso, trata-se de filho. Assim, a bebida alcoólica tornou a compor o quadro da drogadição com *crack*, maconha, cocaína e outras, afundando num poço sem fim. A droga do passado era a cachaça e evoluiu para as sintéticas, criadas para fugir da realidade.

Internação. Para auxiliar o drogadicto na desintoxicação, o ideal é a internação em casa de saúde especializada, direcionando, quando possível, para atendimento diferenciado de acordo com a gravidade da situação.

Dependente. Assunto difícil, mas necessário abordar. O alcoolista ou dependente químico não quer esse estado, porém, parece não ter forças para enfrentar a mudança. A droga prende. É um paradoxo, pois há o anseio por liberdade ao consumi-la, no entanto, o enredamento numa ilusão passageira fica cada vez maior. Os usuários sofrem. O sofrimento é, por vezes, insuportável para eles. E para os familiares igualmente.

Camuflagem. Não conseguem se abrir com ninguém, por falta de confiança de ambos os lados e, sozinhos, de "cara limpa", é impossível. A maioria das famílias não entende os filhos ou os maridos por transitarem nesse círculo de drogas. O pesado legado das mentiras e recaídas ou recidivas faz a família cansar de ouvi-los.

Resultados. Se pararmos um pouco para pensar em quantos lares são destruídos pelo uso do álcool / drogas, e as pessoas desviadas de seus caminhos, teremos números assustadores. A maioria não se aproxima de seus familiares dependentes químicos alegando cansaço em não obter resultados almejados. Porém, o resultado não vai ser aquele esperado, e sim o possível, naquele momento evolutivo.

Neossinapses. A pessoa dependente química pode curar-se, melhorar, recair e seguir assim até o final desta vida. Se os familiares puderem acompanhar a fim de proporcionar outras experiências, criar sinapses de mudança de comportamento, isso será positivo para as próximas vidas do viciado. Ele não está nessa situação por acaso, e não está nessa família por acaso. É uma relação de afinidade com a família. Cabe ao mais lúcido, ajudá-lo.

Jogo. Essa ajuda é incansável, persistente, em tempo integral. A assistência pode ser feita e o assistente ficar sujeito a chuvas e trovoadas. Às vezes o retorno não é o esperado. Mas é necessário cada qual fazer a parte que lhe cabe. Respirar fundo e seguir adiante. Há uma técnica de investigação e pesquisa: pensar no próximo passo que o dependente vai dar. É igual a jogo de xadrez quando se passa a conhecê-lo muito bem, tudo fica previsível possibilitando prever a "próxima jogada".

Afetividade. O dependente químico perde valores e a afeição. Pai, mãe, irmãos, família, nada disso existe ou tem valor. Então, o primeiro passo será reativar a área afetiva. É necessário reforçar os laços de ternura dos familiares com ele, tratando-o na condição de assistido.

Resgate. Investir no resgate da autoconfiança a partir da afetividade ajuda a trazê-lo para a realidade pessoal, tornando possível para ele mesmo firmar o compromisso com a reabilitação.

Terapêutica. Uma ideia é adotar um *pet*, gato ou cachorro. Precisa ser filhotinho para sensibilizar o lado afetivo. A questão da dependência e da fragilidade dos *pets* frente aos humanos pode facilitar a empatia. Dar, aos poucos, responsabilidades no cuidado do *pet*. Ensinar o modo de cuidar. Se necessário, acompanhar a atividade de trato e cuidados. Apontar sempre e se for possível, as gracinhas praticadas pelo *pet*. Isso vai contribuir para os assuntos em comum familiares e marcar no dependente químico algo de responsabilidade dele: "o seu *pet* fez isso!". Vai se sentir alegre por agradar as pessoas. Isso também será objeto de assunto na roda de seus amigos. *Há pets que curam.*

Cultivo. Para cultivar assuntos em família, o ideal é não ficar reclamando sobre comportamento específico, e sim conversar sobre o dia a dia. Analisar quais os assuntos de interesse do assistido e aprender sobre isso para poder conversar. Aprender sobre futebol, corridas de moto, de carro, *surf*. Assuntos em geral de interesse relacionados ao assistido que lhe cabe assistir.

Carro. O ideal é não deixar o assistido dirigir o carro sozinho e nem acompanhado, pois é intenso o assédio ao seu redor. Se necessário, é mais prudente chamar um táxi ou utilizar transporte público, sempre com acompanhante qualificado para orientar.

Realidade. Importa falar a verdade, pois os relacionamentos pautados na realidade criam confiança mútua. Nesse diálogo pode chegar o momento de utilizar os mesmos argumentos do drogadicto. Se um mente, o outro também pode, se um não cumpre promessas o outro também não. São argumentos a serem utilizados. Porém, cabe dizer: o dependente químico não cumpre o falado. Nesses casos não cabem ilusões. Outro fator utilizado é o choro. Isso não comove ninguém, só traz sentimento de culpa e o assistido não consegue dar a resposta esperada pela família. Trate-o de igual para igual. Adultos amigos.

Ausência. Pais ausentes não ajudam, pois machucam as crianças e dificultam seu desenvolvimento. Submetidas, por longo tempo, às brigas domésticas, chegam à adultidade com deficiências cognitivas, emocionais e de interação social. São poucas a conseguir uma autocura eficiente, sem a ajuda de profissionais da saúde. Na minha experiência, a drogadição é uma doença familiar em que todos necessitam de ajuda terapêutica.

Evitação. A repetição dos eventos sofridos na infância replicados na adultidade com os filhos deve ser evitada, pois reforça o *ciclo vítima-algoz*. É trabalhar para isso não ocorrer. Ainda mais, pensando nas próximas existências. O conhecimento sobre a multisserialidade existencial nos faz querer mudar aqui-agora-já.

Apoio. Nem todas as famílias têm condições de apoio. Outras não querem ajudar e deixam a pessoa à própria sorte. Quando no grupo familiar tem intermissivista, o encaminhamento pode ser diferente, há a conscientização quanto à responsabilidade intermissiva com o núcleo familiar[11]. Dar respostas para as pessoas doentes com as drogas. Pois,

---

[11]Para o leitor ou leitora interessado(a) em aprofundar a temática, sugerimos a leitura do livro de Tathiana Mota, ***Curso Intermissivo: Você se Preparou para os Desafios***

nesses casos, não é só o drogado que adoece, mas todos os envolvidos, de algum modo, adoecem física e / ou emocionalmente. E se a questão financeira não é equilibrada, pode levar todos à falência sem o devido cuidado. A assertividade na tomada de decisões e firmeza na realização das medidas preventivas, difíceis, mas ainda assim profiláticas, exigem coragem e lucidez para poder discernir.

Desapego. O desapego com o vício da bebida pode ser superado em única existência, quando a própria pessoa se libera das amarras colocadas por si. Nesse momento ocorre o início da assunção da autorresponsabilidade pela maturidade consciencial. Identifiquei este processo em relação à figura paterna.

Silêncio. A persistência silenciosa na interassistência levou-me a compreender o motivo do travão por meio de questionamentos, observação e estudo visando a resolutividade para ressomar em melhores condições de assistência a todos no caminho evolutivo. *Fazer do travão a libertação.*

Solidariedade. A solidariedade cosmoética aplicada é quando se auxilia dentro do possível para assistir o grupocarma em todos os momentos e interações conscienciais, aproveitando a ressoma compulsória, no meu caso pessoal, para favorecer os acertos e as reconciliações interpares.

Gratidão. Ao grupo familiar da atual existência.

IMPORTA IDENTIFICAR O *TRAVÃO FAMILIAR,* ***HOJE,*** ***E PROMOVER*** *ACERTOS GRUPOCÁRMICOS* ***IMEDIATOS COM APLICAÇÃO DA*** *INTELIGÊNCIA EVOLUTIVA* ***POTENCIALIZANDO OS RESULTADOS DO*** *AUTORREVEZAMENTO.*

Questionologia. Você, leitor ou leitora, já identificou algum travão na própria família? Quais atitudes utiliza visando alcançar resultado positivo?

---

da Vida Humana?; *Editares,* 2016. A referência completa está na Bibliografia Específica ao final do livro.

Capítulo 3

Técnica de Levantamento dos Aportes

Tertúlia 3.856

> **Aportes.** O mais problemático nos aportes proexológicos é sabermos exatamente o que recebemos para nós e o que recebemos para ser distribuído aos **compassageiros evolutivos.**
> (Vieira, 2014b, p. 108)

Definição. A *técnica de levantamento dos aportes* é o método teático da pesquisa exaustiva realizada pela conscin, homem ou mulher, no balanço anual da própria biografia, identificando as achegas, as benesses e os fatores facilitadores recebidos para a consecução da autoproéxis[12].

Megapensenologia. Eis megapensene trivocabular sintetizando o tema: – *Aportes alavancam proéxis.*

Motivação. A ideia de aprofundar o estudo desse tema surgiu durante o voluntariado na *Associação Internacional de Programação Existencial* (APEX), em trabalho conjunto com a colega evolutiva Elizabeth Rodrigues para pesquisa e identificação de alguns tipos de aportes. Posteriormente foi implementado ao modo de aula no *Curso Técnica de mais 1 Ano de Vida Intrafísica.*

Técnica. Consciências em estado de depressão, em plena fase executiva, relatam não terem realizado nada da proéxis. Tais observações foram constatadas no decorrer do curso *Laboratório Grupal da Técnica*

[12]Koller, 2018, p. 21.622.

de Mais 1 Ano de Vida Intrafísica[13]. Para auxiliar, criamos a aula *Técnica de Levantamento dos Aportes*, sendo ferramenta para dirimir a depressão, auxiliando na volta ao caminho da proéxis a fim de obter os melhores resultados.

Fatuística. Muitas pessoas, mesmo intermissivistas, têm ou sentem certo vazio existencial, colocando-se na condição de vítimas. Esquecem dos recebimentos desta vida e da auto-herança. A *técnica de levantamento dos aportes* devolve a força e a vontade de continuar com a proéxis em outro nível. Faz a consciência autoperceber o quão afortunada é de possuir tantos talentos e trafores, e o quanto foi e é amparada.

Assistência. Além disso, ocorre a revisitação ao passado atual do intermissivista, assistindo aos compassageiros evolutivos, seja do grupo familiar, ou não. Esse procedimento, realizado anualmente promove o autodesassédio e o heterodesassédio familiar e grupal.

Retribuições. Essa técnica ainda pode facilitar a percepção das áreas já atendidas com as retribuições ao Universo dos aportes recebidos. Por outro lado, pode ajudar na elaboração de itens, ainda não atendidos, e onde há prioridade.

Cobranças. A conscin vai retribuir em áreas afins, já superadas por ela, onde não há mais cobranças grupocármicas. Nessa fase já resolveu as interprisões mais sérias, podendo transitar em todos os grupos sem maiores percalços.

Autoinventário. É preciso estar atento ao estágio das interprisões grupocármicas[14]. No meu caso, analiso estar no final das mais sérias. Os últimos acertos são minha mãe e meus filhos. Com minha

---

[13]Curso integrante da série curricular do CEAEC. A *técnica* foi criada e proposta pelo Prof. Waldo Vieira (1994, p. 607). O verbete de mesmo nome foi redigido e defendido no *Tertuliarium*, pela verbetógrafa Elizabeth Rodrigues, no dia 03.05.2012, Tertúlia N° 2.284: "A *técnica de mais 1 ano de vida intrafísica* é o conjunto de procedimentos visando a planificação máxima dos esforços conscienciais pró-evolutivos, a partir da *suposição* de a conscin, homem ou mulher aplicante, ter apenas 365 dias de existência na dimensão intrafísica" (2018, p. 21.626).

[14]O curso grupocármico é composto de 5 estágios ou fases: interprisão, vitimização, recomposição, libertação e policarmalidade. Para aprofundar a temática sugerimos o estudo do tratado *700 Experimentos da Conscienciologia,* capítulo *562 Teste da sua Consciência Grupocármica* (Vieira, 1994, p. 626).

mãe ocorreu no final de 2018. Estou no finalzinho da recomposição, porém ainda ocorrem pedágios a pagar. Por isso transito com cuidado por todas as áreas.

Autexperiência. O aprendizado com as vivências pessoais facilitou a proposição da aula sobre Grupocarmologia, tendo em vista a demanda de vários grupos evolutivos necessitando de orientação dentro do Curso *Técnica de Mais 1 Ano de Vida Intrafísica.* A necessidade de reconciliações aparece em todas as edições do curso. Mesmo os alunos afirmando não terem pendências grupocármicas, no decorrer das aulas aparecem as lacunas a serem preenchidas com as reconciliações, com o perdão.

Desapego. Um dos processos mais difíceis para mim, foi o de abrir mão. Ao longo da vida vamos abrindo mão de tudo. Não há outra solução. O desapego, para chegar ao nível ideal, requer esforço. Abrimos mão dos pais, dos filhos, de verdades absolutas, dogmas, gostos e assim por diante. Abrir mão do dinheiro, para mim foi fácil. Abrir mão de um apartamento, de uma classificação num concurso, de uma dupla evolutiva, do lugar na fila, da razão, da vaga do carro. Cada qual tem seus exercícios para aprender o distanciamento correto. Há o prazer da liberdade conquistada após o desapego de algo ou alguém. Olho para trás e me vejo ontem.

CPC. O *código pessoal de Cosmoética* renovado anualmente auxilia na aceleração das reciclagens existenciais (recins). Foi implementado desde 2008 pelos docentes do *Laboratório Grupal da Técnica de Mais 1 Ano de Vida Intrafísica.*

Síntese. Eis, listadas em ordem alfabética, por exemplo, 11 sugestões do *modus operandi* para aplicação da *técnica do levantamento dos aportes,* devendo ser adaptada à condição pessoal de cada autopesquisador ou autopesquisadora:

01. **Amizade.** A listagem das amizades que apostaram e aportaram créditos de confiança nos seus talentos e você prosperou. Identificar a amizade que propiciou o acesso às ideias da Conscienciologia nesta existência.

02. **Entrevista.** Conversar com os familiares sobre os períodos da infância não rememorados e marcantes.

03. **Fidelidade.** Observar nesse levantamento o quanto a conduta e as ações são identificadas enquanto diretrizes da autoproéxis estabelecidas no *Curso Intermissivo* (CI).

04. **Grupo.** Observar os laços que envolvem o grupo familiar identificando a responsabilidade pessoal com cada qual, sendo que poderá ser maior com algum deles. A partir disso, investir, principalmente, nos acertos, reconciliações, retribuições, contribuições grupocármicas a fim de melhorar o trabalho dentro do grupo.

05. **Herança.** Observar o temperamento herdado dos genitores e a preponderância entre eles. Os gostos, as preferências, as doenças procurando distinguir entre a herança genética e a paragenética. Os traços herdados dos pais e os auto-herdados entre uma existência e outra.

06. **Lustro.** Proceder a inventário exaustivo dos aportes, delimitando o tempo, no caso em lustros, elencando períodos desde a ressoma, analisando os progenitores, o parto, o início dos primeiros estudos, os familiares marcantes que auxiliaram, dentre outros.

07. **Oportunidades.** Convites de trabalho, de escrita, de viagem de pesquisa sempre com análise criteriosa para evitar os desvios de proéxis. A própria família nuclear é uma janela de oportunidade. Mesmo as famílias problemáticas oferecem a oportunidade de fazermos a diferença de modo positivo, aprendendo a ajudar os demais. *Dificuldades oferecem aportes.*

08. **Retribuição.** Fazer a listagem das retribuições, lembrando que nem sempre elas são realizadas na mesma moeda, e nem para a pessoa que nos ajudou.

09. **Riscos.** Fazer o levantamento dos riscos, mesmo os despercebidos identificados posteriormente. Há casos em que nos afastamos inconscientemente de pessoas problemas. Ao fazer o inventário dos riscos, irá descobrir o aporte que ocasionou o distanciamento.

10. **Traço.** Observar quais traços pessoais promovem melhor efeito na assistência específica para cada membro da família, cada compassageiro evolutivo, cada tarefa desempenhada.

11. ***Zeitgeist.*** Analisar o contexto da época, os acontecimentos locais e do país de nascimento. As correlações entre eles. A relação com as pessoas que estavam no poder. A relação com o holopensene do Estado de nascimento.

Memoriologia. A revisitação às memórias da atual vida intrafísica, de modo motivado, pode favorecer esse levantamento exaustivo dos recebimentos pró-evolutivos. A partir dos recebimentos, passamos a sentir a necessidade de retribuição. Foi nessa perspectiva que me vi qual *Farol Evolutivo Grupocármico*, tema do capítulo seguinte.

Gratidão. À *Associação Internacional de Programação Existencial* (APEX), e equipe de voluntários, pela oportunidade de aprofundar a *técnica dos aportes*. Ao Curso *Técnica de Mais 1 Ano de Vida Intrafísica*, equipe docente, discente e monitoria, pela oportunidade de ministrar aula propositiva e teática sobre a *técnica*. Gratidão a Ninarosa Mozzato da Silva Manfroi, amizade raríssima desta vida e, aporte na Coordenação desta obra. Amiga de muitas vidas, trouxe seu largo conhecimento orientando para as melhores palavras no contexto.

> ***A*** *TÉCNICA DE LEVANTAMENTO DOS APORTES* ***SINALIZA AO INTERMISSIVISTA LÚCIDO A NECESSIDADE DE CONVERGÊNCIA DOS*** *RECURSOS EXISTENCIAIS* ***AUFERIDOS E AS ÁREAS DE*** *RETRIBUIÇÃO* ***EM PROL DA EVOLUÇÃO.***

Questionologia. Você, leitor ou leitora, considera factível realizar o levantamento dos aportes proexológicos recebidos? Quais retribuições tem realizado perante a fartura de achegas pró-evolutivas da atualidade?

Capítulo 4

Farol Evolutivo Grupocármico

Tertúlia 4.138

> **Farol.** Seja você, conscin leitor ou leitora, mesmo na condição de estrela mais apagada entre os homens, um **farol aceso** para as consciexes.
> (Vieira, 2014b, p. 704)

Definição. O *farol evolutivo grupocármico* é a expressão metafórica representativa da conscin intermissivista, homem ou mulher, ressomada em família nuclear extensa, visando estreitar o *rapport* com tais compassageiros de evolução para servir de atrator e / ou elo interassistencial tarístico principalmente no período pós-dessomático[15].

Megapensenologia. Eis megapensene trivocabular sintetizando o tema: – *Farol ilumina caminhos.*

Motivação. Este tema foi sugerido pelos amparadores durante a prática da tenepes, e posteriormente elaborado na forma de verbete apresentado na tertúlia conscienciológica de 03.06.2017. Tem sua importância na resolução de conflitos grupocármicos de séculos, talvez milênios. Está sendo minha oportunidade de ouro para a conclusão de querelas, estreitar laços familiares, buscar concórdia e paz. É o autexemplarismo em ação efetiva.

Anonimato. O farol evolutivo grupocármico tende a ser o familiar discreto, prestando assistência silenciosa, vivenciando a abdicação autoconsciente e sem ostentar as próprias potencialidades. Tais condições exercitam o anonimato e a priorização do trabalho interassistencial.

---

[15]Koller, 2018, p. 10.870.

Infiltração. A infiltração na célula familiar desta existência foi uma das mais ousadas ações. As chances não pareciam favoráveis pelo histórico do passado de todos. A relutância em aceitar a tarefa fez retardar a ressoma. Sozinha e sem auxílio em terra, fiz um "voo às cegas". Extrafisicamente tive muita ajuda, fui muito amparada para concluir esse megaprojeto de maxiproéxis familiar.

Pensenologia. O holopensene voltado para a interassistencialidade diuturna neste momento, aqui-agora da Pré-Intermissiologia, ajuda a manter a ortopensenidade com a atenção voltada para os assistíveis.

Primogênito. A conscin farol evolutivo grupocármico não necessariamente será o primeiro filho(a), pois incidem sobre ele energias de expectativas evolutivas. A família tem nele a esperança de salvar todos, é conhecido por ser o "filho tal", a herança é para ele, é o predestinado ao casamento rico. No meu caso, sou a terceira de uma prole de 4 filhos.

Ressoma. Ao ressomar geralmente não lembramos dos acordos extrafísicos. Isso tende a facilitar a interação com todas as pessoas, inclusive sermos amigos de inimigos do passado. Daí a importância de cada ressoma poder favorecer as reconciliações, papel também desempenhado pelo farol evolutivo grupocármico.

Macrossoma. Tenho a hipótese de macrossoma[16] nesta vida humana considerando o bom encaminhamento das tarefas desta proéxis e maxiproéxis grupal específica.

Alternativa. Outra hipótese é estar sendo preparada para futura proéxis na África, onde esses talentos seriam utilizados na interassistencialidade da reurbex. Muitos dos atributos foram exercitados e reforçados, indicando ser essa uma possível condição futura.

Tipologia. Um macrossoma do tipo para suportar as adversidades, em geral, psicossomáticas, seria mentalsomático, com discernimento e foco, trazendo resistência às vicissitudes gerais de enfrentamentos no cotidiano.

---

[16] O macrossoma (macro + soma) é o soma (corpo humano) fora-de-série ou supermaceteado, um recurso que somente existe para a execução de uma proéxis específica de uma das duas categorias existentes, a maxiproéxis ou a miniproéxis (Vieira, 2011a, p. 49).

Credores. Enquanto conscin, organizando o Livro dos Credores Grupocármicos, observei o trabalho extrafísico com as consciências do grupocarma e grupos evolutivos. Organizei o livro utilizando um caderno universitário com 12 matérias, separei algumas folhas com as letras do alfabeto. Registrei o nome ou o apelido das pessoas conhecidas, além de todos os parentes. Observei os vizinhos, o cobrador e motorista do ônibus, enfim, todas as pessoas encontradas diuturnamente.

Adiantamento. O registro dos nomes é um adiantamento na Pré-Intermissiologia, e será prolongado na Intermissão. O período intermissivo será de extensa mobilização assistencial, procurando abarcar todas as consciências encontradas na intrafisicalidade da última vida intrafísica. São os credores.

Reconhecimento. Haverá o reconhecimento extrafísico pelas energias e, também, pelas feições. Lembrar serem todos nossos conhecidos de algum momento ou lugar.

Desvio. A consciência farol evolutivo grupocármico tem acertos com aquele grupo. Por isso aceitou ser infiltrado. É possível ter desviado esse grupo no passado e, agora, retorna para ajudar todos a evoluir.

Anonimato. O trabalho inquestionável do farol evolutivo grupocármico será sempre em larga escala, tarístico. Por isso o anonimato. É um trabalho planejado com cuidado e o erro poderia atrasar a evolução grupal.

Conhecimento. Papel relevante da conscin farol evolutivo grupocármico é o conhecimento sobre as patologias pessoais e familiares. Qualquer informação a mais ajuda a ampliar o *rapport* com o assistido, seja conscin ou consciex. Esse conjunto de informações (traf*o*res, traf*a*res, tendências, temperamento) será útil para localizar a consciex-alvo, talvez, em algum bolsão nosológico.

Silêncio. Os atendimentos assistenciais silenciosos ao grupocarma foram realizados ao longo de muitos anos. O acompanhamento de muitas dessomas de pessoas do grupo chancelaram a minha participação na condição de conscin farol evolutivo grupocármico.

Hipótese. Penso ser requisito básico durante a Pré-Intermissiologia, o exercício do perdão grupal antes da próxima dessoma.

Gratidão. Aos amparadores da tenepes.

O INTERMISSIVISTA, PARA ATUAR ENQUANTO *FAROL EVOLUTIVO GRUPOCÁRMICO,* ***ALÉM DO*** *SENSO DE PARA-DEVER TARÍSTICO,* ***NECESSITA DE AUTORGANIZAÇÃO PENSÊNICA E PERSISTÊNCIA NAS AUTOSSUPERAÇÕES.***

Questionologia. Você, leitor ou leitora, se propõe a vivenciar a condição cosmoética interassistencial em benefício do grupocarma? Já utiliza o *Livro dos Credores* pessoal?

Capítulo 5

Década Ambiental

Tertúlia 3.616

> **Devas.** Devemos ir devagar na compreensão da ideia e compreensão dos chamados popularmente **Devas:** tais personalidades extrafísicas dedicadas à assistência à Natureza, não *deva*neiam e nem *deva*ssam, mas assistem.
> (Vieira, 2014b, p. 522)

Definição. A *década ambiental* é o período de 10 anos consecutivos de trabalho voluntário realizado pela conscin, homem ou mulher, junto à Natureza e à biodiversidade de *campus* conscienciológico, com o objetivo de qualificar as bioenergias e a fitoconvivialidade[17].

Megapensenologia. Eis megapensene trivocabular sintetizando o tema: – *Natureza: compassageira evolutiva.*

Motivação. A observação pessoal quanto à confirmação do toque do "dedo verde", plantando ou recuperando todo e qualquer princípio consciencial verde, foi a razão da construção do verbete *Década ambiental.* No caso pessoal, o trabalho na área ambiental é cláusula da programação existencial.

Amparo. Nesse trabalho decenal, ficou evidente o amparo da Natureza com inspirações quanto à criatividade aplicada nas tarefas de jardinagem.

Lucidez. A utilização de venenos, mesmo para proteger as plantas dos predadores naturais, pode ser evitada, pois essa ação se torna

[17]Koller, 2018, p. 8.031.

cármica para quem aplica. Existem outras maneiras de controlar as pragas. Porém, quando há um ataque massivo de formigas, os agrotóxicos necessitam ser usados. Tendo o cuidado com os *pets* e outros animais domésticos. *Sejamos evolutivamente inteligentes.*

Recursos. Exemplo disso é a profilaxia utilizada nessas duas soluções caseiras e / ou naturais com criatividade, a fim de não aplicar venenos ou assemelhados no tratamento das plantas, evitando provocar a dessoma dos princípios conscienciais e interferir na cadeia alimentar:

1. **Formigas.** Usa-se veneno adquirido no comércio local, tendo em vista, ser o CEAEC uma grande área, a infestação tende a ser em larga escala.
2. **Pulgões.** Para os pulgões, e pragas assemelhadas, usa-se o fumo de corda, ralado, colocado por uma noite em um balde de água e no dia seguinte coa-se para borrifar nas plantas atacadas. Sempre após a chuva, borrifar novamente.

Adaptação. Um dos grandes aprendizados do trabalho com as plantas foi a observação quanto à adaptação ao clima de Foz do Iguaçu daquelas recebidas em doação. Sempre se buscou atender o pedido do médico e projetor consciente Waldo Vieira (1932–2015), propositor da Ciência Conscienciologia, que se mantivesse a maior biodiversidade no *campus* CEAEC.

Fitoconvivialidade. Dentre essa diversidade, não se excluiriam as plantas naturalmente agressivas, pois quando colocadas próximas de outras mais dóceis, elas mostram adaptabilidade para o bom convívio. *Aprendamos com as plantas.*

Reciclagem. A observação dos perfis de cada planta foi necessária para que a reciclagem pudesse ser benefício para todas. A fitoconvivialidade tende a favorecer o aprendizado para a melhoria do convívio não só entre as plantas, entre as plantas e as consciências, mas também, entre as consciências mais próximas.

Fatuísticas. Exemplo de convívio entre as plantas e as consciências, foi área degradada, ao lado do Holociclo, que atraiu a atenção e a proposição de trabalhar para a melhoria do local. Foi uma década plantando árvores frutíferas e flores para atrair os pássaros, dentre eles, o beija-flor, o joão-de-barro, esse último, bioconstrutor natural, e, conjuntamente, ministrando aulas sobre técnicas de jardinagem. Nas aulas havia a mobilização básica de energias e isso favorecia a limpeza do ambiente.

Parafatuísticas. Nessa época, fazia a Dinâmica da *Associação Internacional de Programação Existencial* (APEX) nas sextas-feiras de manhã, e antes do início, passava pelo fitolaboratório. Percebendo a frequente presença de etnias indígenas, convidava aquelas consciexes gravitantes do local com mata mais densa para me acompanharem na Dinâmica. Considero esse, um exercício de reurbanização extrafísica, uma reurbex em menor escala, resultado de intenso trabalho.

Amparadores. Nessa tarefa de iscagem e encaminhamento, nunca trabalhei sozinha, os Devas, amparadores extrafísicos técnicos em biodiversidade, acompanhavam o trabalho doando energias, ajudando no desassédio, intuindo informações com atuação firme no *campus*. O parapsiquismo foi ficando cada vez mais acentuado.

Sinalética. A aproximação com a Natureza intensificou as interpretações parapsíquicas. Uma delas foi a percepção quanto à atuação específica de o beija-flor voar ao redor da minha cabeça no fitolaboratório em diferentes circunstâncias. O fato, ocorrido várias vezes, foi indício para eu confirmar o posicionamento pessoal frente a determinados problemas, quando constatei estarem bem encaminhados.

Técnica autodesassediadora. Outra observação parapsíquica ocorreu em diferentes situações de autoconflito com ruminação mental. Nesses casos é salutar andar entre a Natureza. Esse procedimento é capaz de potencializar a mudança de bloco pensênico e, consequentemente, das energias.

Poder. A Natureza tem poder desassediador, sendo o fitoectoplasma auxiliador na assistência interconsciencial. A lignina é valorizada e utilizada nas assistências.

Princípios. Quando se trabalha com todas as modalidades de princípios conscienciais (botânica, pré-humano, humano, extrafísico), a tendência da consciência é vivenciar a cosmovisão com amparo extrafísico de função por atacado. Assim, chancela a presença da disposição para o processo da interassistencialidade.

Cinturões. Dentro do processo assistencial, estão os cinturões verdes liberando energias imanentes auxiliares na interassistencialidade, inclusive na tenepes. O ideal é circundar a casa com plantas e árvores frutíferas, pois são doadoras por natureza. Favorecem a sombra, o abrigo de pássaros, borboletas, sapos, esquilos, lagartos dentre outros. Todos são doadores de energias.

Inusitado. Com mais experiência, percebi o inusitado. As árvores frutíferas produzem flores e frutos, duas ou mais vezes, por ano, quando o dono é tenepessista.

Biodiversidade. A escolha de flores atrativas para os beija-flores favorece um nível de biodiversidade mais completo. Ideal, também, ter no jardim uma fonte para cultivar exemplares de líquens, musgos, completando a floresta particular.

Parembaixada. É interessante construir uma parembaixada verde assistencial na própria casa de modo a ser atrativo para todos visitarem e permanecerem nesse local. Os enfeites (pássaros, estátuas, gárgulas, insetos, balanços, pontes) no quintal atraem as consciexes mais arredias à assistência, facilitando o trabalho dos amparadores extrafísicos. Haverá energias imanentes disponíveis para isso. Também recomendo instalar uma fonte de água, ou quantas ficarem adequadas ao jardim, pois ela atrai muitos pássaros, colaborando com a troca energética.

UTI. Dentro do jardim, é indicado especificar um local para ser a UTI das plantas para facilitar a recuperação das mesmas. Os amparadores Devas saberão aonde se dirigirem para atuar com elas. É necessário dar nome aos locais, se não têm nome, não existem. Várias pessoas da *Comunidade Conscienciológica Cosmoética Internacional* (CCCI) trouxeram suas plantas debilitadas para se recuperarem na UTI das plantas instalada no Fitolab no CEAEC. Depois de uma semana já podiam voltar revigoradas para suas casas.

Toxicidade. Algumas plantas apresentam nível de toxicidade alto para as pessoas em geral, e tratamos de mudá-las para locais sem muitos contatos. As consideradas venenosas não estão no CEAEC, pois a prioridade são as pessoas. Prevenir é o melhor. As plantas não têm intencionalidade má, ou pré-conceito da maldade. Mesmo as plantas tóxicas ou venenosas não são más. Elas apenas têm essa característica.

Lignina. Assim como há a toxicidade, há o bálsamo. A lignina é a ectoplasmia originada das plantas. Conforme afirma Vieira, "a vida intrafísica é energética". Daí surge o trinômio sustentador do holossoma da conscin: geoenergia *(pré-kundalini)*–fitoectoplasma[18] (lignina)–energia consciencial (ectoplasmia)[19]. Por isso, o contato com a Natureza auxilia também no desenvolvimento parapsíquico pela carga energética nela contida.

Fontes. Recomenda-se a proteção às fontes de água, sendo o ideal a colocação de árvores e arbustos nas margens. É a chamada mata ciliar. Isso protege contra as erosões e mantém a umidade no local.

Eucaliptos. E de outro modo, nas áreas onde se necessita tirar a umidade, há árvores mais apropriadas para secar pântanos ou charcos. O eucalipto deve ficar longe das fontes de água, pois altera aquele meio.

Equilíbrio. Árvores como o ingazeiro e outras menores podem auxiliar os pássaros com alimento e proteger os mananciais. A gabirobeira é outra árvore com dupla função: adapta-se bem a terrenos úmidos e produz o fruto também para humanos.

Interconexão. As plantas mantêm uma interconexão subterrânea (rede de comunicação) entre si, de alimentação e de suprimento de água. Elas não praticam a *ta*refa da *con*solação (tacon). Se uma planta não tem condições de sobreviver, as outras não a nutrem mais. Cessa a comunicação para extinguir o processo de vida em benefício das outras. A lógica prepondera para as mais fortes terem chances maiores.

Princípio. Há interdependência evolutiva entre todos os princípios conscienciais. Ao entender essa conexão, a consciência muda

---

[18]O fitoectoplasma seria o denominador comum inicial ou o *megalink* abrangente entre os seres vivos, tendo presença, intervenção detonadora e mantenedora da vida e das manifestações das consciências, conscins e consciexes, em todas as pararrealidades e realidades do Cosmos, a partir do primopensene (Vieira, 2014a, p. 697).

[19]Vieira, 2014a, p. 871.

a maneira de ser, inevitavelmente. Ela compreende a repercussão do bater das asas da borboleta aqui, influindo lá na Groenlândia. Consegue-se ver a conexão homem-plantas-animais-Cosmos em interação micro e macro. Amplia o respeito aos princípios conscienciais, advindo, também, do autorrespeito.

Paradoxo. Há locais vizinhos situados bem próximos apresentando energias muito diferentes entre si, sendo um paradoxo. Pois é o percebido no *Campus* CEAEC. À direita do *Caminho da Lógica,* próximo ao Holociclo **há** um chacra da Terra, muito positivo e forte em energias; e ao lado esquerdo **havia** um local com as energias estagnadas, degradadas, negativas. Hoje o local está limpo e as energias são bem positivas, resultado de 10 anos de trabalho incansável entre equipe intrafísica (equipin) e equipe extrafísica (equipex), chancelado pela renovação das energias e registrado na forma de verbete para acesso e rememoração futura.

Temperamento. O contato com a Natureza foi fundamental para modular o temperamento pessoal, a exemplo da serenidade advinda do convívio assíduo com a paisagem natural.

Mentalsoma. Esse convívio mostrou a lógica mentalsomática da Natureza contribuindo para o aprendizado pessoal, a exemplo dos 5 listados em ordem alfabética:

1. **Autocentragem.** Centramento mentalsomático.
2. **Caráter.** Amenização da dureza do caráter.
3. **Deferência.** Respeito à biodiversidade.
4. **Padrão.** Conhecimento da diversidade de padrões energéticos.
5. **Tranquilidade.** Aumento da acalmia.

Gratidão. Expresso minha profunda gratidão pela oportunidade de ter trabalhado 1 década junto à Natureza, e ao *Centro de Altos Estudos da Conscienciologia* (CEAEC), arremedo intrafísico do ambientex do *Curso Intermissivo.*

***A** Década Ambiental* **chancela a conexão nature-za-cosmos no trabalho diário em campus cons-cienciológico, ampliando** *conexões energéticas e assistenciais* **entre os princípios conscienciais.**

Questionologia. Você, leitor ou leitora, já completou década de trabalho voluntário em *campus* conscienciológico? Em quais áreas? Considera trabalhar na área ambiental?

Capítulo 6

Autorreestruturação Pensênica

Tertúlia 3.876

Autopensenidade. A autopensenidade é a primeira imposição da Natureza, mais importante do que a ressoma e a dessoma. Mantenha a **Higiene Pensênica** e você estará equilibrando a essência da vida, em qualquer dimensão existencial.
(Vieira, 2014b, p. 219)

Definição. A *autorreestruturação pensênica* é o resultado homeostático das reconfigurações sinápticas e parassinápticas conquistadas pela conscin, homem ou mulher, a partir de neoposturas cosmoéticas, autodeterminadas e lúcidas, capazes de descartar redes neuronais envilecidas, reconfigurar esquemas mentais rígidos, recuperar cons magnos, ativar paramemórias e reorganizar a arquitetura mental a partir do paracérebro[20].

Megapensenologia. Eis megapensene trivocabular sintetizando o tema: – *Autorreestruturação pensênica: Autequilibriologia.*

Motivação. O interesse pelo funcionamento cerebral e o neologismo *pensene* sempre esteve presente. Apresentei várias vezes trabalho sobre o tema, em encontros no *Instituto Internacional de Projeciologia e Conscienciologia* (IIPC), Florianópolis, SC. Ao chegar a Foz do Iguaçu, PR, surgiu a ideia de criar curso sobre a temática. Em 2004 escrevi o curso e apresentei ao Técnico-Científico do CEAEC, porém não foi o momento adequado e optei por aguardar nova oportunidade para

[20]Koller, 2018, p. 3.997.

retomar a temática. Isso só ocorreu em 2014, juntamente com Suzane Morais, amiga de longa data, quando foi atualizado e aprovado pelo Técnico-Científico do CEAEC. A primeira turma ocorreu no final de semana de 11 a 13.09.2015.

Pensene. "O *pensene* é a unidade de manifestação prática da consciência, segundo a Conscienciologia, considerando o *pen*samento ou ideia (concepção), o *sen*timento ou a emoção, e a *ene*rgia consciencial em conjunto, de modo indissociável"[21].

Inconformismo. Saber do afunilamento das informações do paracérebro para o cérebro físico suscitou o inconformismo. O cérebro físico, sendo o aparelho intrafísico mais sofisticado existente, porém sem comportar as informações fiéis do paracérebro, fez-me refletir e criar o curso *Autorreestruturação Pensênica,* com o objetivo de ampliar e capacitar o cérebro físico para melhorar as parapercepções e acessar com mais fidelidade os arquivos mentais.

Fatuística. O curso *Autorreestruturação Pensênica* iniciou em 2015 e está na 8ª edição (Ano-base: 2019). Repaginado com professores autores apresentando o resultado das próprias pesquisas.

Proposição. Eis, por exemplo, em ordem alfabética, 9 condições propostas pelo curso a serem desenvolvidas, implementadas e / ou aperfeiçoadas pela consciência:

1. **Desligar:** desativar bloqueios cerebrais e paracerebrais, esquemas e redes anacrônicas de base emocional (psicossomática).
2. **Elaborar:** desenvolver *técnicas recinológicas* buscando a retilinearidade autopensênica.
3. **Interligar:** conectar com neoequipexes especializadas em ajustes finos mentaissomáticos.
4. **Reequilibrar:** reajustar as metas interassistenciais evolutivas e realinhar a bússola consciencial pela reciclagem da pensenidade.
5. **Reestruturar:** reorganizar o holossoma com a implantação de holopensene homeostático.
6. **Reformular:** regenerar o holossoma a partir da vontade, a autorregeneração, a autocura.

[21]Vieira, 2007, p. 208.

7. **Renovar:** reconfigurar a identidade interassistencial pelo materpensene e mudanças no autotemperamento. As reconexões desfeitas criando novas.

8. **Reverificar:** revisar o *código pessoal de Cosmoética* (CPC), atualizando cláusula de acordo com o hoje, aqui, agora.

9. **Vivenciar:** experimentar holomnemoparatecnologias avançadas para a desativação de autocrenças limitantes, esquemas mentais rígidos e monoideísmos residuais (paracerebralidade).

Parafatos. Na sequência de edições do curso, eis 3 parafatos observados pelos docentes:

1. **Futuro.** O aparecimento de consciexes bebês durante os campos do curso, sendo preparados para uma vida intrafísica mais lúcida em relação às gerações atuais.

2. **Neotecnologias.** A utilização de tecnologias avançadíssimas para a ação da consciência e amparadores visando modificações sinápticas de maneira otimizada. A pessoa pode acessar, pela vontade, as *Centrais Extrafísicas* e proceder às mudanças ideais.

3. **Neuroectoplasmia.** A utilização do neuroectoplasma para assistência e formação de novas sinapses.

Benefícios. O curso me fez refletir de modo mais sério sobre meu temperamento, embora esse movimento tenha começado na década de 1990. A escrita do verbete apresentado em 18.03.2014, *Consciência Rebelde,* me levou a assumir definitivamente o meu *modus operandi.* Foi o início do princípio do começo dos efeitos da reestruturação pensênica, e era momento de eu refletir sobre o câncer de mama.

Retrospectiva. Após cirurgia de câncer, 4 dias de UTI e *mor*atória *exis*tencial (moréxis)[22], na retomada das atividades verifiquei os projetos pendentes. Um chamou a atenção: o curso escrito em 2004. Estava clara a necessidade de retomar esse trabalho para deixar legado para a próxima existência intrafísica.

---

[22]Moréxis é a condição da moratória existencial, complemento de vida intrafísica que sobrevém à consciência – não raro plenamente cônscia do fato – em circunstâncias meritórias, decorrente da execução razoável dos serviços da sua vida humana (Vieira, 1994, p. 611).

Surpresa. Ao saber da moréxis e sendo esse câncer de origem paragenética, fiquei surpresa. Ninguém na família teve algum câncer de mama. A consciência ao realizar muitas reciclagens intraconscienciais (recins), vai eliminando as energias sutis, vai dissipando, e as mais densas passam ou migram para o corpo físico, criando doença no chacra correspondente.

Chacra. No meu caso, foram o cardiochacra e o umbilicochacra ligados às emoções mais animalizadas. Ao coração é a mágoa, dos abandonos, das traições, dos desentendimentos. E o umbilicochacra é a raiva, o ódio, a fúria. Com esses sentimentos e emoções, por períodos longos, anos ou séculos, as energias vão criando uma crosta, densificando-se até desaguarem numa doença no corpo físico.

Cirurgia. Somente através de cirurgia seria possível a retirada dessas energias densas transformadas em câncer. A aparente mutilação somática seria a solução para a retirada do tumor. Aparente, pois na realidade se trata de expurgo holossomático.

Metástase. Após 5 anos de tratamento não ocorreu recidiva. Porém, houve metástase na coluna lombar. Câncer ósseo fechando o ciclo de reciclagens intraconscienciais, neste caso agora, do temperamento.

Comprovação. Essa metástase comprova o trabalho de recin do temperamento, iniciado desde 1994. Foi essa a maneira de reciclar escolhida para obter os melhores resultados. A doença cria um corredor para a pessoa e ela não tem como retroceder. Só pode ir para a frente, enfrentando a doença e todas as recorrências e quem sabe, ser vitoriosa na reciclagem do temperamento em percentuais mais altos possíveis.

Mecanismo. Penso por hipótese, no meu caso, num mecanismo elaborado na intermissão, fazendo eclodir o câncer, qual remédio de efeito procrastinado. Depois de tantas reciclagens ocorre o câncer de mama; depois de outras, ocorre a metástase; se aquela tarefa a qual julguei prioritária não se concretiza, ocorre a dessoma por inadimplência, e se o trabalho ficasse inconcluso me restaria a melancolia extrafísica (melex). Não me entreguei e nem paralisei as atividades em função do câncer, mas aprendi a conviver com essa patologia para melhor entender os mecanismos intraconscienciais que desencadearam o processo.

Holobiografia. Com tantas reciclagens realizadas com lucidez e maturidade, conquistaremos o mérito de conhecer nossa Holo-História para planejar, ao lado do evoluciólogo, com todo o cuidado, o futuro das próximas existências.

Autoconsciência. A autopesquisa mostra onde é possível e necessário mexer. É urgente estar consciente quanto às reações. Conhecer-se para mudar.

Resultados. Talvez não tenha resultados já nesta vida intrafísica, e sim, nas próximas. A cada vida melhorando a memória e o cérebro físico, quem sabe, terei uma dupla perfeita: cérebro e paracérebro.

Gratidão. Em especial, expresso minha gratidão à amiga Suzane Morais coautora desse curso na primeira versão apresentada ao CEAEC em 2014. À equipe técnico-científica do CEAEC (Gestão 2014–2019), aos discentes, a partir das avaliações do curso, e aos docentes a partir das reavaliações e contribuições com o curso. O *Autorreestruturação Pensênica* superou a formulação e as expectativas apresentadas inicialmente em 2004.

***A** AUTORREESTRUTURAÇÃO PENSÊNICA **É CONQUISTA INADIÁVEL E INTRANSFERÍVEL, PASSÍVEL DE IMPRIMIR NO MICROUNIVERSO CONSCIENCIAL A DINÂMICA RECICLOGÊNICA RUMO A** EVOLUTIVIDADE.*

Questionologia. Você, leitor ou leitora, se propõe a vivenciar a autorreestruturação pensênica para qualificar a interassistência policármica? Considera tal investimento relevante na consecução da autoproéxis, a fim de alcançar o compléxis?

Capítulo 7

Holoconvivialidade Pacífica

Tertúlia 2.605

> **Generosidade.** O ***Código de Generosidade Pessoal*** deve ser alínea básica do *Código Pessoal de Cosmoética* (CPC) da pessoa lúcida.
> *O generoso perdoa.*
> (Vieira, 2014b, p. 747)

Definição. A *holoconvivialidade pacífica* é a condição de coexistência cosmoética, interativa, construtiva, assistencial e acolhedora, da conscin ou da consciex, com todos os princípios conscienciais, expressa em inteireza com o Cosmos[23].

Megapensenologia. Eis megapensene trivocabular sintetizando o tema: – *Holoconvivialidade pacífica: cosmoconvivialidade.*

Motivação. A observação do comportamento e a convivência com a Natureza mostraram a mudança pessoal, inarredável, em movimento. A generosidade desses princípios conscienciais, sem barreiras ou preconceitos, doando-se ao Cosmos, crescendo, multiplicando-se em inteira doação é lição a ser aprendida, apreendida, aplicada e replicada. Desse modo, vejo muita ligação entre essa temática e a tratada no capítulo Década ambiental.

Reconciliação. O verbete que inspirou este capítulo significa uma reconciliação Universal. Ao reconhecer erros e omissões do passado, devem agora prevalecer a paz, a harmonia de todos com o Todo, com todos os grupos de interação do passado e de hoje. É o reconhecimento,

[23]Koller, 2018, p. 11.994.

a inclusão, a ampliação da família consciencial, trazendo para perto os ex-desafetos e os amigos de sempre.

Fatuística. Foi assim a experiência vivenciada no *Caminho da Lógica* em dia de trabalho com as plantas: a percepção clara da conexão pessoal com as plantas, pessoas, construções, o vento, o sol, o Cosmos. Nada era estanque, tudo se conectava e era de uma leveza, uma doação, uma gratidão, um amor, uma fraternidade nunca vista.

Parafatuística. A convivência com consciexes amparadoras da Natureza, diuturnamente, ajudou-me a investir constantemente no parapsiquismo. A descoincidência vígil nas lidas diárias e a observação atenta dos detalhes nos jardins foram experiências que ajudaram a melhorar a parapercepção e o detalhismo.

Paz. O esforço para tornar a autopsicosfera tranquila e estender essa acalmia do entorno para o Cosmos com objetivo de, cada vez mais, aglutinar pessoas nesse holopensene e ser capaz de transformar o ambiente tumultuado num local de paz.

Paravisitas. Tal condição favoreceu a observação de paravisitantes ao fitolaboratório do CEAEC. Eram muitas consciexes intermissivistas procurando entender a futura dinâmica intrafísica nesse Balneário Energético pós-ressoma.

Pesquisas. O Fitolaboratório é local propício para as autopesquisas junto à Natureza. Pesquisas com plantas, e também percepção de energias, ausculta íntima e autanálises profundas.

Cosmovisão. A partir do Fitolaboratório foi possível ampliar a visão de mundo utilizando o parâmetro do micro-macro com os exemplos de plantas e animais.

Cores. A mudança dos jardins com flores das mais diversas cores ajudam no *rapport* com a comunex de origem. Por exemplo, as flores azuis retratando parcela das comunexes evoluídas, ao modo do Pombal[24], tendo uma tonalidade clara.

---

[24]Teles, 2014, p. 99.

Maximecanismo. Não somente a observação das plantas e flores, mas dos pequenos seres que gravitam em torno delas e os comportamentos peculiares permitem inferir a explicitação do maximecanismo do universo.

Observação. A atenta observação do todo e dos detalhes ajuda a captar as sutilezas do convívio diário com plantas, pré-humanos e consciências, levando essas informações para a introspecção.

Mudanças. Essa autorreflexão sobre renovar, reformular, reorganizar ambientes, mudando o cenário para melhor assistir, tornando o local acolhedor qual útero energético para receber os princípios conscienciais necessitados de atendimento. Exemplo que pode ser elucidado, foi a colocação de flores atraindo os beija-flores, as abelhas coletoras de mel. Árvores frutíferas atraindo pré-humanos pequenos, contribuindo com a alimentação tão escassa.

Infinito. Os laços de amizade não se restringem apenas às consciexes e conscins, mas às árvores, plantas e pré-humanos, ampliando a percepção de caminhos infinitos de convivialidade sadia.

Evoluir. Segundo o prof. Waldo Vieira, numa conversa sobre evolução e amizade: evoluir não é só para cima, é para todos os lados, pois almejamos a parte superior, atendemos os lados e necessitamos ajudar quem ficou para baixo (Anotações pessoais, Minitertúlia, *Tertuliarium*, CEAEC, 2013).

Cenários. As amizades perfazem o todo e os cenários fazem parte desse contexto. A mudança dos cenários pode propiciar o melhor da consciência. Sair de um ambiente conturbado para o local de árvores frondosas. Extrafisicamente utiliza-se a plasmagem, modelando o ambiente, tornando-o aconchegante, belo, agradável. Dessa maneira a consciex sente-se bem e aceita ser tratada, ser assistida.

Binômio. No decorrer desta existência pude avaliar o progresso do *binômio autopacificação-holoconvivialidade* a partir da minha experiência em meio à Natureza. Pude comparar os temperamentos entre os diferentes princípios conscienciais e a própria consciência. Promovi a autanálise dos conflitos ao meu redor em contraponto com a minha autopacificação. Meu filho proporcionou muito dessa experiência.

Fonte. A fonte no Fitolaboratório é um desses cenários, uma das ferramentas assistenciais e desassediadoras no *Campus*. A água correndo constantemente, produzindo esse barulho característico, traz a acalmia para intermissivistas e consciexes a serem tratadas. A Natureza exuberante facilita a convivialidade entre conscins e consciexes.

Orquídeas. Exuberantes também são as flores requintadas dando um *glamour* aos ambientes. Elas estão fixadas, em maioria, nas árvores do CEAEC, embelezando o caminho por onde andamos, fazendo sorrir quem as observa. São flores resistentes e enfrentam bem o clima quente de Foz do Iguaçu. São delicadas, mas fortes.

Gratidão. Viemos, antes de tudo, para servir. Expresso minha gratidão a todos os princípios conscienciais.

A HOLOCONVIVIALIDADE PACÍFICA ***É INVESTIMENTO SEGURO AO INTERMISSIVISTA LÚCIDO, CAPAZ DE DESCORTINAR O SENSO DE PERTENCIMENTO AO COSMOS,*** *ENVIDANDO AUTESFORÇOS PARA GALGAR TAL PATAMAR.*

Questionologia. Você, leitor ou leitora, no teste de avaliação pessoal, pela escala simples de 1 a 5, em qual patamar se situa quanto à convivência com todos os princípios conscienciais? Já consegue ter afeto pelo vizinho? E pelos insetos?

Portabilidade Autolegadológica Rememorada

Pista. Não poderia me furtar, e nem de alertar ao leitor ou leitora, de deixar algumas pistas para a próxima existência.

Trânsito. Embora estejamos sempre em trânsito, de passagem, de caminho entre uma vida e outra *ad infinitum,* cada uma delas significa aprendizado específico refinando o planejamento das ações.

Autolegado. Sendo assim, destaco 4 realizações desta existência, ao modo de portabilidade autolegadológica com intenção clara de retomada evolutiva ao ressomar, pois daqui para a frente, sabendo que estarei em neossomas e neorressomas, quero fomentar o paracérebro para vincar a rememoração:

1. **Gescon.** Trabalhar a cultura multímoda, flexibilizando o mentalsoma para a escrita de verbetes e livros tarísticos.
2. **Grupo Evolutivo.** Reencontrar o grupo evolutivo da Conscienciologia, em qualquer país, para uma maxiproéxis grupal.
3. **Técnica.** Aplicar a *Técnica de Mais 1 Ano de Vida Intrafísica* (LGTM1AVI).
4. **Tenepes.** Iniciar a tarefa energética pessoal (tenepes) desde jovem.

Norte. As experiências desta vida intrafísica servirão para nortear as vindouras proéxis, pela riqueza de detalhes aliada ao parapsiquismo. Este livro poderá orientar muitos intermissivistas ao observarem o título de cada capítulo para a pesquisa pessoal. Contribuirá para as recins, em todos os níveis, pois abarca desde os vegetais, animais e consciências.

Teática. Este livro não é embasado em teorias, mas sim, em experiências conscienciais por longos anos e corroboradas por muitas consciências intra e extrafísicas.

Reciclagem. A reverberação das experiências repercutindo multidimensionalmente gera renovações inimagináveis em todos os setores e áreas. Não podemos aquilatar o grau de mudanças possíveis de serem manifestadas. Muitos casos ocorrem somente com as energias de nossa presença.

Reencontro. Espero encontrar ressomados, ex-participantes extrafísicos do curso *Autorreestruturação Pensênica I*, pois prováveis modificações paracerebrais aconteceram, atualizando o paracérebro para uma próxima vida moderna, com o maceteamento e modificando, também, dessa maneira, o cérebro físico.

Ousadia. É preciso ousar em criar algo diferente, mais avançado. O *Autorreestruturação Pensênica* tem essa proposta, além de melhorar todo o holossoma, estabelece vantagens para o paracérebro atuar em velocidades taquiônicas (além do normal) e passando alguma coisa dessas benesses para o cérebro físico.

Oportunidade. Os percalços foram apenas lampejos, esta vida apenas uma tarefa. Sou grata por esta oportunidade de ressoma e por ter sido tão enriquecida com as experiências inigualáveis em todos os sentidos.

Valor. A companhia de amparadores e amigos intra e extrafísicos fizeram desta vida uma viagem em grande estilo. Às amizades raríssimas[25], guardo seus ensinamentos qual "joia rara".

Reurbex. A Reurbanização Extrafísica, em plena atividade, com engajamento de todos nós, terá cada vez mais intermissivistas à frente, levando de eito a evolução consciencial.

---

[25] A *amizade raríssima* é o sentimento fiel, recíproco, de afeição, simpatia, estima ou ternura entre conscins, de modo elevado e singular, no qual a atração do convívio mentalsomático, ou do paracorpo do autodiscernimento, ultrapassa a atração do convívio afetivo comum, em patamar evolutivo além das ligações por laços de família ou por atração sexual (Vieira, 2018, p. 803).

Glossário da Conscienciologia

Observação. Aqui estão listadas 241 denominações, palavras compostas, expressões e equivalentes técnicos empregados na terminologia da Conscienciologia, não definidos mais extensamente e / ou apresentados no texto deste livro, objetivando instigar a curiosidade do intermissivista jejuno na autopesquisa. Foi elaborado a partir do Glossário da Conscienciologia e de conceitos apresentados pelo autor Waldo Vieira, nos tratados científicos *700 Experimentos da Conscienciologia, Enciclopédia da Conscienciologia, Homo sapiens pacificus, Homo sapiens reurbanisatus e Projeciologia: Panorama das Experiências da Consciência Fora do Corpo Humano.*

01. **Acoplamento energético.** Interfusão energéética entre duas ou mais consciências.

02. **Agenda extrafísica.** Anotação por escrito da relação de alvos conscienciais extrafísicos, prioritários – seres, locais ou ideias – que o projetor projetado procura alcançar gradativamente, de maneira cronológica, estabelecendo esquemas inteligentes ao seu desenvolvimento.

03. **Alvo mental projetivo.** Meta predeterminada que a conscin objetiva alcançar, através da vontade, intenção, mentalização e decisão, ao se ver lúcida fora do soma.

04. **Amparador extrafísico.** Consciex auxiliadora de uma conscin ou de várias conscins; benfeitor extrafísico. Expressões equivalentes, arcaicas, desgastadas e envilecidas pelo emprego continuado: *anjo da guarda; anjo guardião; anjo de luz; guia; mentor.*

05. **Andaimes conscienciais.** Muletas psicológicas ou fisiológicas quando dispensáveis.

06. **Anticosmoética.** Procedimento imaturo no qual a consciência infringe consciente ou inconscientemente os princípios universais, corretos e evolutivos, da Cosmoética, multidimensional, agindo de modo indigno, antifraterno, marginal ou criminoso com efeitos patológicos ou dolosos.

07. **Antipensene** *(anti + pen + sen + ene)*. O pensene antagônico, comum nas refutações, nos omniquestionamentos e nos debates produtivos.

08. **Arrastão extrafísico.** Ação de um grupo de consciexes energívoras, inclusive guias extrafísicos cegos, nas dimensões pratroposféricas, com o objetivo de vampirizar as conscins, nos ambientes de comemorações ou eventos intrafísicos, que reúnem pessoas predispostas à condição da vitimização assediadora coletiva, através das energias conscienciais.

09. **Assedialidade.** Intrusão pensênica interconsciencial, doentia. Expressão equivalente, anacrônica: *obsessão*; há numerosas conscins que se defendem contra esta palavra.

10. **Assim** *(as + sim)*. Assimilação simpática de ECs, ou energias conscienciais, pela vontade, não raro com a decodificação de um conjunto de pensenes de outra(s) consciência(s).

11. **Atacadismo consciencial.** Postura individual caracterizada pela diretriz de se levar em conjunto, ou de eito, os atos conscienciais, sem deixar rastros ou *gaps* evolutivos, negativos, para trás.

12. **Autassédio.** Condição ou estado da conscin emocional, intelectual e energeticamente predisposta a se molestar autopensenicamente, com insistência importuna e patológica sobre si mesma, sem Higiene Consciencial ou autodisciplina ideativa, constituindo o embasamento para o heterassédio.

13. **Autoconsciencialidade.** Qualidade do nível de autoconhecimento por parte da própria consciência; megaconhecimento.

14. **Autoconscientização multidimensional** (**AM**). Condição da lucidez madura da conscin quanto à vida consciencial no estado evoluído de multidimensionalidade, alcançado através da PL, ou projetabilidade
lúcida.

15. **Autocorrupção.** Repetição do ato com o qual a pessoa não se sente confortável e para o qual não consegue dar aprovação, cuja lembrança, escamoteada no mais absconso escaninho do íntimo, incomoda, corrompe a si própria, notadamente do ponto de vista anticosmoético, reforçando os traços-fardo (traf*a*res) e prejudicando a autevolução.

16. **Autodesassédio.** Fenômeno de autodesacoplamento, autodesvinculação, autodesconexão de consciências ou energias patológicas

da psicosfera pessoal quando existe assédio pensênico eventual ou crônico.

17. **Autoimperdoador.** Conscin, homem ou mulher, que não se perdoa, em suas autodisciplinas, quanto aos próprios erros e omissões, a fim de eliminar as autocorrupções conscientes. Esta condição sadia se antepõe à condição, também sadia, do *hetero*perdoador (ou *hetero*perdoadora), *perdoador universal,* sincero, em relação a todos os seres, para sempre, *um princípio básico da maxifraternidade.*

18. **Autolucidez consciencial.** Inteligência ou a autoconsciencialidade clara, objetiva e aguda, mantida pela consciência atuando normalmente com as faculdades mentaissomáticas na vida diuturna e multidimensional.

19. **Automimese existencial.** Imitação, por parte da conscin, das próprias vivências ou experiências passadas, sejam do renascimento intrafísico atual ou de existências anteriores.

20. **Automimeticidade.** Qualidade consciencial da automimese existencial.

21. **Autoparaperceptibilidade.** Condição de a própria consciência perceber paraocorrências, parafatos e pararrealidades a partir da ampliação da sensibilidade holossomática.

22. **Autopensene** *(auto + pen + sen + ene).* O pensene da própria consciência.

23. **Autoprojeção.** Saída da conscin para outra dimensão consciencial, através do mentalsoma, ou do psicossoma, intencional ou provocada pela vontade.

24. **Autorrevezamento consciencial.** Condição avançada em que a consciência evolui entrosando uma existência intrafísica com outra, consecutivamente *(proéxis vinculadas),* ao modo dos elos de uma cadeia (seriéxis), dentro do seu ciclo multiexistencial *(holobiografia).*

25. **Baratrosfera.** Dimensão extrafísica patológica da paratroposfera terrestre, usada como domicílio coletivo de consciexes anticosmoéticas, doentias, parapsicóticas e paracomatosas.

26. **Base física.** Local seguro, escolhido pela conscin para deixar o seu soma, inanimado ou repousando, enquanto se projeta conscientemente para outras dimensões conscienciais fora dele; duplódromo. Um holopensene projeciogênico domiciliar. Apresenta relação direta

com: a alcova energeticamente blindada; a tenepes; o epicon; a ofiex; o projectarium; o precognitarium; e o retrocognitarium.

27. ***Binômio admiração-discordância.*** Postura da conscin, madura quanto à evolução consciencial, que já sabe viver em coexistência pacífica com uma outra conscin, a quem ama e admira, e, ao mesmo tempo, não concorda sempre ou 100% com ela quanto aos seus pontos de vista, opiniões ou posicionamentos.

28. ***Binômio lucidez-rememoração.*** Conjunto das duas condições indispensáveis à conscin para que a mesma obtenha uma projeção lúcida (fora do soma) plenamente satisfatória.

29. **Bioenergias.** Energias especificamente das conscins neste planeta.

30. **Bitanatose.** Desativação e descarte do holochacra, depois da dessoma, incluindo a retirada dos resquícios das conexões energéticas do holochacra no psicossoma; *segunda morte;* segunda dessoma.

31. **Campo Energético.** Esfera extrafísica de energias conscienciais (ECs) mais densas, atuando ao modo de escudo ou proteção da conscin, sendo instalado ou potencializado consciente ou inconscientemente.

32. **Cardiochacra** *(cardio + chacra).* O quarto chacra básico, agente influente na emotividade da conscin, vitalizador do coração e dos pulmões.

33. **Chacra.** Núcleo ou campo limitador de energia consciencial, cujo conjunto constitui basicamente o *energossoma,* paracorpo energético dentro do soma, fazendo a junção com o psicossoma, atuando como ponto de conexão pelo qual a EC flui de um veículo consciencial para outro. A palavra *chacra* é um dos nossos *limites críticos neologísticos.*

34. **Ciclo da atividade.** Critério de renascimento aplicado para a consciência conforme as exigências das atividades pluriexistenciais, acima da média evolutiva, funcionando na condição de minipeça dentro do Maximecanismo Multidimensional Interassistencial.

35. **Ciclo multiexistencial.** Sistema ou condição de alternância contínua, em nosso nível evolutivo médio, de um período de renascimento intrafísico (seriéxis) com outro período pós-desativação somática, extrafísico, ou a intermissão.

36. **Compassageiro evolutivo.** Conscin ou consciex, deslocando-se, viajando ou vivenciando a evolução juntamente com outra, na família, tribo, grupo, turma ou equipe.

37. **Compensação intraconsciencial.** Técnica conscienciométrica fundamentada no emprego maior de um atributo consciencial, mais desenvolvido (traf*o*r), sobre outro, ou outros atributos conscienciais menos desenvolvidos (traf*a*res) no microuniverso da conscin.

38. **Compléxis** *(comple + exis).* Condição da completude existencial da proéxis da consciência humana.

39. **Comunicologia.** Área ou especialidade da Conscienciologia que estuda a comunicabilidade da consciência de todas as naturezas e formas, inclusive a comunicação interconsciencial entre as dimensões conscienciais, considerando a projetabilidade consciencial lúcida e as abordagens da consciência "inteira" (holossoma, holobiografia, holomemória).

40. **Comunidade extrafísica (Comunex).** Reunião e vida em comum de consciexes em dimensão extrafísica específica.

41. **Con.** Unidade hipotética de medida do nível de lucidez da conscin ou da consciex.

42. **Confor** *(con + for).* Interação do *con*teúdo (idéia, essência) com a *for*ma (apresentação, linguagem) nos processos da comunicação interconsciencial (comunicologia).

43. **Conscienciograma.** Planilha técnica das medidas avaliativas do nível de evolução da consciência; megateste consciencial que tem por modelo o *Homo sapiens serenissimus,* responsável por uma conta corrente egocármica positiva. Instrumento básico empregado nos testes conscienciométricos.

44. **Conscienciologia.** Ciência que estuda a consciência de modo integral, holossomático, multidimensional, multimilenar, multiexistencial e, sobretudo, conforme as suas reações perante as EIs e as ECs, bem como em seus múltiplos estados.

45. **Conscienciólogo** *(Homo sapiens conscientiologus).* Conscin empenhada no estudo permanente e na experimentação objetiva, dentro do campo de pesquisas da Conscienciologia, na qualidade de agente de renovações evolutivas, no trabalho libertário (tares) das consciências e vivenciando coerente e permanentemente o Paradigma Consciencial.

46. **Conscienciometria.** Disciplina ou área que estuda as medidas conscienciológicas, ou da consciência, através dos recursos e métodos oferecidos pela Conscienciologia, capazes de assentar as bases possíveis da *matematização da consciência.* Instrumento principal: conscienciograma.

47. **Consciencioterapia.** Especialidade que estuda o tratamento, alívio ou remissão de distúrbios da consciência, executados através dos recursos e técnicas derivados da Conscienciologia.

48. **Consciênçula.** Consciência humana na condição imatura, logo após deixar o nível evolutivo dos símios ou primatas e enfrentar as primícias da racionalidade e do autodiscernimento, próprios da Humanidade adulta, propriamente dita.

49. **Consciex** *(consci + ex).* *Consc*iência *extra*física; o paracidadão ou paracidadã da Sociex. Sinônimo envilecido pelo uso: *desencarnado.*

50. **Consciex Livre (CL)** *(Conscientia libera).* Consciência extrafísica liberta definitivamente (desativação) do psicossoma, ou do paracorpo emocional, e, consequentemente, da fieira da Seriexologia das vidas humanas, ou intrafísicas consecutivas, processo antigo, multimilenar, situando-se na *hierarquia evolutiva* depois do *Homo sapiens serenissimus.*

51. **Conscin** *(consci + in).* *Consc*iência *intra*física; a personalidade humana; o cidadão ou cidadã da Socin. Sinônimo envilecido pelo uso: *encarnado.*

52. **Consener.** A *cons*ciex *ener*gívora, carente e insaciável quanto às energias conscienciais, em relacionamentos paratroposféricos, vampirizadores, com outras consciexes, seres humanos, animais subumanos e seres vegetais.

53. **Consréu.** *Cons*ciência *réu*rbanizada – Consciência de paragenética patológica retirada compulsoriamente das comunidades paratroposféricas por meio da reurbanização extrafísica (reurbex).

54. **Consréu ressomada** *(Homo sapiens reurbanisatus).* Consciência de paragenética patológica retirada compulsoriamente das comunidades paratroposféricas por meio da reurbanização extrafísica e ressomada na Terra.

55. **Consréu transmigrada** *(Conscientia transmigrans).* Consciência extrafísica de paragenética patológica retirada compulsoriamente

das comunidades paratroposféricas por meio da reurbanização extrafísica enviada para outro planeta com evolução inferior à Terra.

56. **Constrangimento cosmoético.** Ação, efeito, reação ou condição da conscin lúcida, interassistencial, especialmente, a tenepessista, se sentir, na intimidade do microuniverso consciencial, moralmente desconfortável, constrangida ou insatisfeita no desenvolvimento da vivência interassistencial junto ao amparador extrafísico de função.

57. **Continuísmo consciencial.** Condição da inteireza – sem brechas – na continuidade da vida consciencial através da previsão providencial e do autorrevezamento evolutivo, ou seja: a emenda desta vivência do momento, às vivências imediatamente anterior e posterior, incessantemente, em um todo coeso e único, sem solução de continuidade nem experiências conscienciais estanques.

58. **Cordão de ouro.** Suposto elemento energético – à semelhança de um controle remoto – que mantém o mentalsoma ligado ao paracérebro do psicossoma.

59. **Coronochacra** *(corono + chacra)*. O chacra da área do sincipúcio, *coroa* o energossoma.

60. **Cosmoética** *(cosmo + ética)*. Ética ou reflexão sobre a moral cósmica, multidimensional, que define a holomaturidade, situada além da moral social, intrafísica, ou que se apresenta sob qualquer rótulo humano. É uma especialidade da Conscienciologia.

61. **Cosmoeticidade.** Qualidade cosmoética da consciência.

62. **Curso grupocármico.** Conjunto dos estágios existenciais da consciência quanto à evolutividade grupal: interprisão-vitimização-recomposição-libertação-policarmalidade.

63. ***Curso Intermissivo.*** Conjunto de disciplinas e experiências teáticas administradas à consciex, depois de determinado nível evolutivo, durante o período da intermissão consciencial, dentro do seu ciclo de existências pessoais, objetivando o completismo consciencial (compléxis) da próxima seriéxis.

64. **Dermatologias da consciência.** Expressão composta atribuída às Ciências convencionais, fisicalistas, subordinadas ao paradigma newtoniano-cartesiano, mecanicista, que centram as pesquisas tão somente no soma, sem dispor da instrumentalidade necessária para as investigações técnicas, diretas, da consciência em si; dermatologias da conscin; ciências periconscienciais.

65. **Desacoplamento.** Condição de desvinculação das energias interconscienciais associadas, seja por meio da instalação do estado vibracional ou mudança de padrão pensênico de única ou todas as consciências acopladas.

66. **Desassédio.** Condição de desvinculação, desacoplamento, desconexão entre consciência(s) com padrão hígido e outra(s) com padrão ectópico do ponto de vista da pensenidade.

67. **Desassim** *(desas + sim).* Desassimilação simpática de ECs exercida pela impulsão da vontade, normalmente através do EV.

68. **Descoincidência vígil.** Condição parapsíquica da conscin – projetor ou projetora – ao se perceber com o psicossoma fora do estado da coincidência, em plena vigília física ordinária, sem se sentir completamente integrada ao soma, gerando a intensificação de parapercepções e fenômenos energéticos e parapsíquicos.

69. **Desperticidade.** Qualidade consciencial do ser desperto.

70. **Desperto** *(des + per + to) (Homo sapiens despertus).* Ser intrafísico, ou conscin, desassediado, permanente, total, plenamente autoconsciente da sua qualidade de desperticidade, sendo capaz de servir de isca interassistencial, lúcida..

71. **Dessoma** *(des + soma).* Desativação somática, próxima e inevitável para todas as conscins; projeção final; *primeira morte;* morte biológica; monotanatose. A dessoma (simplesmente) ou *primeira* dessoma é a desativação do corpo humano ou soma. A *segunda* dessoma é a desativação do holochacra. A *terceira* dessoma é a desativação do psicossoma.

72. **Dessomática.** Estudo dos contextos físicos da dessoma e dos contextos psicológicos, sociais e médico-legais relacionados com a desativação do soma. É um especialidade da Conscienciologia.

73. **Devaneio.** Enredo fantasioso criado pela imaginação durante o estado da vigília física ordinária da consciência humana.

74. **Dimener** *(dime + ener).* Dimensão energética das consciências; dimensão holochacral; dimensão três-e-meio. Dimensão natural do energossoma.

75. **Dimensão extrafísica.** Ambiente extrafísico nativo, preexistente em relação à dimensão humana e sem ligação direta, ostensiva ou fácil com a vida intrafísica.

76. **Dimensão intrafísica.** Dimensão onde se manifesta a vida humana neste Planeta.

77. **Dupla evolutiva.** Duas consciências que interagem positivamente em evolução conjunta; condição existencial de *evolutividade intercooperativa* a dois.

78. **Ectopia consciencial.** Realização insatisfatória da proéxis, de maneira excêntrica, deslocada, fora do roteiro programático escolhido para a própria vida intrafísica.

79. **Ectoplasmia.** Aparecimento temporário de substâncias mais ou menos organizadas, em graus diversos de solidificação, possuindo características de objetos físicos e/ou formas humanas, compostos por um agente desconhecido, aproveitando a exteriorização de ectoplasma.

80. **Egocarma** *(ego + carma)*. Princípio de causa e efeito, atuante na evolução da consciência, quando centrado exclusivamente no ego em si. Estado do livre-arbítrio preso ao egocentrismo infantil.

81. **Encapsulamento parassanitário.** Isolamento assistencial e anulação energética, temporária, das manifestações pensênicas – notadamente energéticas, intrusivas ou assediadoras – de uma ou mais consciências, conscins e/ou consciexes, enfermas, ao modo dos isolamentos sanitários existentes nos hospitais de doenças infectocontagiosas com internados que apresentam alto poder de contaminação doentia, radiativa ou tóxica.

82. **Energia Consciencial (EC).** A energia imanente que a consciência emprega em suas manifestações em geral; o *ene* do pensene.

83. **Energia Imanente (EI).** Energia primária, vibratória, essencial, multiforme, impessoal, difusa e dispersa em todos os objetos ou *realidades* do Universo, de modo onipotente, ainda indomada pela consciência humana, e demasiadamente sutil para ser descoberta e detectada pelos atuais instrumentos tecnológicos.

84. **Energossoma.** Paracorpo energético da consciência humana.

85. **Energossomaticidade.** Qualidade das manifestações da conscin derivadas do energossoma ou corpo energético.

86. **Epicon lúcido** *(epi + con) (Homo sapiens epicentricus)*. Epicentro consciencial; conscin-chave do epicentrismo operacional, que se torna fulcro de lucidez, assistencialidade e construtividade interdimensional, através da ofiex. Tem relação direta com a *tenepes* ou a tarefa energética pessoal.

87. **Equipex** *(equipe + extrafísica)*. Conjunto de consciências extrafísicas gabaritadas, afinizadas e interatuantes operacionalizando os empreendimentos evolutivos interdimensionais.

88. **Era Consciencial.** Aquela na qual a média das conscins encontrar-se-á suficientemente evoluída, através dos impactos, redefinições e revoluções criadas pela vivência da projetabilidade lúcida (PL), implantando-se o primado da autoconsciencialidade.

89. **Estado Vibracional (EV).** Condição técnica de dinamização máxima das energias do energossoma, através da impulsão da vontade.

90. **Estigma assediador.** Um insucesso, sempre dramático, em geral patológico, ou uma derrota evolutiva, assentada, em geral, em uma auto-obcecação consciencial geradora da melin ou da melex. Muitas vezes, resulta em acidentes parapsíquicos.

91. **Euforex** *(eufor + ex)*. Condição de euforia extrafísica, após a desativação somática, gerada pelo cumprimento razoável da proéxis; euforia *post-mortem;* para-euforia; euforia pós-somática.

92. **Euforin** *(eufor + in)*. Condição da euforia intrafísica, antes da desativação somática gerada pelo cumprimento razoável da proéxis; euforia *pré-mortem*. Condição predisponente ideal à moréxis positiva.

93. **Evoluciologia.** Especialidade da Conscienciologia que estuda a evolução da consciência abordada de modo integral, em alto nível, matéria adstrita especificamente ao evoluciólogo ou orientador evolutivo.

94. **Evoluciólogo** *(Homo sapiens evolutiologus)*. Consciência coadjutora da coordenação inteligente da proéxis (programação existencial) ou da evolução consciencial de uma ou mais consciências, do mesmo grupocarma.

95. **Existência energossomática.** Vida intrafísica ou a seriéxis da consciência humana.

96. **Experiência da Quase Morte (EQM).** Ocorrência projetiva, involuntária ou forçada por circunstâncias humanas, críticas, da consciência humana, comum a doentes terminais, pacientes morituros e sobreviventes da morte clínica.

97. **Extrafísico.** Relativo àquilo que esteja fora, ou além, do estado *intra*físico ou humano; estado consciencial *menos* físico do que o soma.

98. **Extrapolacionismo.** Estudo aplicado às experiências de extrapolações ou antecipações evolutivas, esporádicas, obviamente não

habituais nem rotineiras, da consciência em qualquer nível evolutivo, em relação ao próprio nível atual, ou imediatamente superior ou outro ainda mais avançado.

99. **Fenômeno projetivo.** Ocorrência parapsíquica específica do âmbito de pesquisa da Projeciologia.

100. ***Ficha Evolutiva Pessoal* (FEP).** Registro extrafísico das informações e caracteres mais íntimos e detalhistas relativo às autovivências ou ao microuniverso de todo princípio consciencial.

101. **Fitoconviviologia.** Ciência ou especialidade da Conscienciologia dedicada a investigar o convívio com plantas.

102. **Fitopensene** *(fito + pen + sen + ene)*. O pensene rudimentar da planta; a unidade de medida da Botânica da planta, segundo a Conscienciologia.

103. **Força presencial.** Magnetismo ou a eletricidade humana derivados da psicosfera ou do holopensene específico da pessoa.

104. **Fôrma holopensênica.** Estrutura elaborada pela autopensenidade da consciência por intermédio de várias vidas humanas consecutivas e, portanto, de múltiplos somas, com experiências desenvolvidas no mesmo local intrafísico, seja de modo breve ou prolongada.

105. **Geoenergia** *(geo + energia)*. Energia imanente (EI) proveniente do solo ou da terra e absorvida pela conscin através da *pré-kundalini*. Expressão arcaica: *energia telúrica*.

106. **Gestação consciencial.** Produtividade evolutiva, útil, da consciência humana, dentro do quadro de obras pessoais da programática da sua proéxis.

107. **Grafopensene** *(grafo + pen + sen + ene)*. A assinatura pensênica da consciência humana ou intrafísica.

108. **Grupalidade.** Qualidade do grupo evolutivo da consciência; condição da evolutividade em grupo.

109. **Grupocarma** *(grupo + carma)*. Princípio de causa e efeito, atuante na evolução da consciência, quando centrado no grupo evolutivo. Estado do livre-arbítrio individual, quando ligado ao grupo evolutivo.

110. **Guia cego.** Consciência amoral ou inexperiente que ajuda outra consciência, de modo anticosmoético, segundo os seus interesses egóicos do momento, em detrimento de outras.

111. **Heterassédio.** Condição ou estado da conscin emocional, intelectual e energeticamente submissa ao assédio ou insistência impertinente de outra consciência inconsciente, energívora, ou consciente e malintencionada.

112. **Hiperacuidade.** Qualidade da lucidez máxima da conscin alcançada pela recuperação – que lhe é possível – dos cons.

113. **Hiperpensene** *(hiper + pen + sen + ene).* O pensene heurístico; a idéia original da descoberta; o pensene neofílico; a unidade de medida da invenção, segundo a Conscienciometria.

114. **Holobiografia.** Conjunto dos arquivos pessoais da evolução multidimensional da consciência ao longo das seriéxis.

115. **Holocarma** *(holo + carma).* Reunião dos 3 tipos de ações e reações conscienciais – egocarma, grupocarma e policarma – dentro dos princípios de causa e efeito, atuantes na evolução da consciência.

116. **Holomaturidade** *(holo + maturidade).* Condição da maturidade integrada – biológica, psicológica, holossomática e multidimensional – da consciência humana.

117. **Holomemória** *(holo + memória).* Memória causal, composta, multimilenar, multiexistencial, implacável, ininterrupta, pessoal, que retém todos os fatos relativos à consciência; multimemória; polimemória.

118. **Holopensene** *(holo + pen + sen + ene).* Pensenes agregados ou consolidados. Sinônimo envilecido pelo uso: *egrégora.* Esta palavra gera resistência em larga faixa dos leitores sérios das ciências.

119. **Holossoma** *(holo + soma).* Conjunto dos veículos de manifestação da conscin: soma, energossoma (holochacra), psicossoma e mentalsoma; e da consciex: psicossoma e mentalsoma.

120. **Holossomática.** Estudo específico do holossoma. É uma especialidade da Conscienciologia.

121. **Homeostase holossomática.** Estado integrado, hígido, de harmonia do holossoma.

122. **Incompléxis** *(in + comple + exis).* Condição existencial da proéxis incompleta da consciência humana.

123. ***Instituição Consciencioc**ê**ntrica* (IC).** Aquela que centraliza seus objetivos na consciência em si, e em sua evolução, dentro da Socin Conscienciológica, com base no vínculo consciencial.

124. ***Inteligência Evolutiva* (IE).** Capacidade de apreender, aprender ou compreender e adaptar-se à vida humana, com bases na aplicação e expansão teática, autoconsciente, do mecanismo da evolução consciencial na dinamização do próprio desempenho autopensênico e cosmoético.

125. **Interiorose.** Condição cronicificado da pessoa superradicada e circunscrita a pequeno burgo, seja aldeia, bairro, subúrbio retirado ou área rural, do interior do país, sem coragem nem estímulos para encarar a cosmovisão da vida além desse limite acanhado.

126. **Intermissão.** Período extrafísico da consciência entre duas das suas seriéxis pessoais.

127. **Intermissão pós-somática.** Período extrafísico da consciência imediato à sua desativação somática.

128. **Intermissão pré-somática.** Período extrafísico da consciência anterior ao seu renascimento intrafísico.

129. **Intermissibilidade.** Qualidade do período de intermissão de uma consciência.

130. **Interprisão grupocármica.** Condição da inseparabilidade grupocármica do princípio consciencial evolutivo ou consciência.

131. **Interprisões.** Comprometimentos interconscienciais decorrentes de ações anticosmoéticas conjuntas ou em grupo, promotoras da condição de inseparabilidade grupocármica.

132. **Intraconsciencialidade.** Qualidade das manifestações específicas da intimidade da consciência.

133. **Intrafisicalidade.** Condição da vida intrafísica, humana, ou da existência da consciência humana.

134. **Intrusão energética.** Invasão de uma consciência em outra através das ECs ou do holochacra.

135. **Intrusão holossomática.** Invasão de uma consciência em outra através de todo o holossoma.

136. **Intrusão pensênica.** Invasão de uma consciência em outra através do mentalsoma.

137. **Inversor existencial.** Conscin que se dispõe a praticar *técnica da invéxis* na vida intrafísica.

138. **Invexibilidade.** Qualidade da consecução intrafísica da invéxis.

139. **Invéxis** *(inve + exis). Técnica da inversão existencial* aplicada pela consciência humana ou intrafísica.

140. **Iscagem interconsciencial.** Condição da conscin atuando ao modo de isca energética perante consciex ou consciexes enfermas, ou conseneres (consciências energívoras).

141. **Macro-PK destrutiva.** Psicocinesia ou PK *(psychokinesis)* nociva, capaz de acarretar prejuízos à conscin, podendo estes, inclusive, serem fatais ao soma.

142. **Macrossoma** *(macro + soma).* Soma fora-de-série ou *supermaceteado* para a consecução de uma proéxis específica.

143. **Mandato pré-intrafísico.** Programação existencial para a vida humana planejada antes do renascimento intrafísico da consciência; proéxis.

144. **Materpensene** *(mater + pen + sen + ene).* Ideia-mãe ou a matriz de todo um desenvolvimento de tese, teoria ou ensaio, o *Leitmotiv*, o pilar mestre ou o pensene predominante em um holopensene.

145. **Maturidade integrada.** Estado da maturidade consciencial mais evoluída, além da maturidade biológica ou física, e da maturidade mental ou psicológica; holomaturidade.

146. **Maxifraternidade.** Condição interconsciencial, universalista, mais evoluída, fundamentada na fraternidade pura da consciência auto-imperdoadora e heteroperdoadora, meta inevitável na evolução de todas as consciências. Sinônimo: Megafraternidade.

147. **Maxiproéxis** *(maxi + pro + exis).* Programação existencial máxima, *por atacado,* ou visando à consecução de tarefa na vivência do universalismo e da maxifraternidade, com bases policármicas.

148. **Megameta.** O objetivo maior da autevolução para a consciência.

149. **Megapensene** *(mega + pen + sen + ene).* O mesmo que ortopensene.

150. **Megapoder.** A condição evoluída de lucidez magna, cosmoética, da consciência.

151. **Megatraf*al*** *(mega + tra + fal).* O trafor faltante máximo da consciência.

152. **Megatraf*ar*** *(mega + tra + far).* O traf*ar* máximo da consciência.

153. **Megatrafor** *(mega + tra + for)*. O trafor máximo da consciência.

154. **Melex** *(mel + ex)*. Condição da melancolia extrafísica, pós-dessomática ou *post-mortem*; paramelancolia.

155. **Melin** *(mel + in)*. Condição da melancolia intrafísica ou *pré-mortem*.

156. **Mentalsoma** *(mental + soma)*. Corpo mental; o *paracorpo* do discernimento da consciência. Plural: *mentaissomas*.

157. **Microuniverso consciencial.** A consciência considerada de per si, como um todo, englobando todos os seus atributos, pensenes e manifestações no desenvolvimento da sua evolução. O microcosmo da consciência em relação ao macrocosmo do Universo.

158. **Mimese cosmoética.** Impulso social produtivo de imitação dos antepassados evoluídos da conscin.

159. **Minimoréxis** *(mini + mor + exis)*. Condição da moratória existencial – a menor – ou quando vem para a conscin incompletista ressarcir o seu déficit holocármico (base deficitária) ou concluir a condição do compléxis quanto à sua proéxis; portanto, o acabamento de um mandato existencial ainda inconcluso.

160. **Miniproéxis** *(mini + pro + exis)*. Programação existencial mínima, *a varejo*, ou objetivando a consecução de uma tarefa mínima, ainda grupocármica.

161. **Monitoria extrafísica.** Condição da assistência de consciexes sadias em favor da conscin equilibrada, quando esta desempenha tarefa da consolação ou do esclarecimento, também equilibrada.

162. **Monotanatose.** O mesmo que *dessoma; primeira dessoma.*

163. **Moréxis** *(mor + exis)*. Condição da moratória existencial, ou um complemento de vida intrafísica, facultado a determinadas conscins, conforme o seu mérito holocármico. A moréxis pode apresentar uma base deficitária – a menor – minimoréxis; ou superavitária – a maior – maximoréxis, quanto aos resultados da proéxis.

164. **Morfopensene** *(morfo + pen + sen + ene)*. O pensamento ou um conjunto de pensamentos quando reunidos e se expressando, de algum modo, como uma *forma*. Expressão arcaica, agora em desuso: *forma-pensamento*. A acumulação de morfopensenes compõe o holopensene.

165. **Multicompléxis** *(multi + compl + exis)*. Multicompletismo existencial ou o compléxis obtido através da execução de várias programações existenciais (proéxis) em diversas vidas intrafísicas (seriéxis) consecutivas.

166. **Neofilia.** Adaptação fácil da conscin às situações, coisas e acontecimentos novos. Oposto de neofobia.

167. **Neopensene** *(neo + pen + sen + ene)*. O pensene da conscin, quando se manifesta por intermédio de novas sinapses ou conexões interneuroniais, capaz de criar a recin ou a reciclagem intraconsciencial; a unidade de medida da renovação consciencial, segundo a Conscienciologia, ou, mais apropriadamente, a Conscienciometria.

168. **Ofiex** *(ofi + ex)*. Oficina extrafísica do epicon intrafísico (praticante da tenepes). Os recursos e *instalações* extrafísicas da ofiex são múltiplos e surpreendentes. Um holopensene domiciliar.

169. **Orientador Evolutivo.** Consciência coadjutora da coordenação inteligente da proéxis, ou da evolução consciencial de uma ou mais consciências, do mesmo grupocarma. Condição evolutiva entre o ser desperto e o Serenão. O mesmo que *evoluciólogo*.

170. **Ortopensene** *(orto + pen + sen + ene)*. O pensene reto ou cosmoético, próprio da holomaturidade consciencial; a unidade de medida da cosmoética prática, segundo a Conscienciometria.

171. ***Para.*** Prefixo que significa *além de, ao lado de*, como em *paracérebro*. Significa, também, *extrafísico*.

172. **Paracérebro.** Cérebro do psicossoma da consciência nos estados extrafísico (consciex), intrafísico (conscin) e projetado, quando através do psicossoma.

173. **Paracomatose consciencial.** Estado de coma extrafísico da conscin, quando projetada, que permanece invariavelmente inconsciente e, portanto, sem rememorações extrafísicas.

174. **Paradigma Consciencial.** Teoria-líder da Conscienciologia fundamentada na própria consciência.

175. **Parafenômeno.** Evento extrafísico envolvendo o **parapsiquismo**.

176. **Parafisiologia.** Estudo descritivo e explicativo da fisiologia dos veículos de manifestação da consciência, excluído o corpo humano ou soma. Especialidade da Conscienciologia.

177. **Paragenética.** A genética adstrita às heranças da consciência, através do psicossoma, da vida anterior ao embrião humano. É uma especialidade da Conscienciologia.

178. **Parapensene** *(para + pen + sen + ene)*. O pensene específico da consciex ou consciência extrafísica.

179. **Parapercepções.** Percepções além dos sentidos físicos do soma.

180. **Paraprocedência.** Base extrafísica, original, pessoal, de onde cada consciência intrafísica (conscin) procede, antes da ressoma, durante o período pré-ressomático, quando estava na condição de consciência extrafísica (consciex).

181. **Parapsiquismo.** Conjunto das parapercepções avançadas da consciência, além dos 5 sentidos básicos do corpo humano. É uma habilidade inerente a todo indivíduo e pode ser aprimorada de modo racional, livre de quaisquer conotações religiosas ou de iniciações místicas.

182. **Patopensene** *(pato + pen + sen + ene)*. O pensene patológico ou da amência consciencial; o pecadilho mental; a vontade patológica; a intenção doentia; a ruminação cerebral.

183. **Pensene** *(pen + sen + ene)*. Unidade de manifestação prática da consciência, segundo a Conscienciologia, que considera o pensamento ou ideia (concepção), o sentimento ou a emoção e a EC (energia consciencial) em conjunto, de modo indissociável.

184. **Pensenidade.** Qualidade da consciência pensênica de alguém.

185. **Policarma** *(poli + carma)*. Princípio de causa e efeito, atuante na evolução da consciência, quando centrado no senso e vivência da maxifraternidade cósmica, além do egocarma e do grupocarma.

186. ***Porão consciencial.*** Fase de manifestação infantil e adolescente da conscin, até chegar ao período da adultidade, caracterizada pelo predomínio dos traf*a*res mais primitivos da consciência multiveicular, multiexistencial e multimilenar.

187. **Pré-intermissiologia.** Condição da pessoa se preparar ao longo da vida humana, para atuar durante o período intermissivo, logo após passar pela segunda dessoma, no resgate das pessoas deixadas para trás, ao longo da evolução.

188. **Pré-serenão.** Conscin, ou consciex, que ainda não vive o serenismo lúcido.

189. **Pré-serenão vulgar** *(Homo sapiens sapiens).* Conscin, ou consciex, que vive em condição de vulgaridade evolutiva.

190. **Primener** *(prim + ener).* Primavera energética; condição pessoal, mais ou menos duradoura, de apogeu das ECs sadias e construtivas.

191. **Princípios pessoais.** Conjunto de valores e iniciativas norteadores da vida consciencial, escolhido pela consciência, a partir da holomaturidade, multidimensionalidade e cosmoética vivida.

192. **Proéxis** *(pro + exis).* Programação existencial específica de cada conscin em sua seriéxis, no caso, a existência intrafísica.

193. **Proéxis avançada.** Programação existencial da conscin, líder evolutiva, dentro de uma tarefa libertária específica do grupocarma, mais universalista e policármica, onde é *mini*peça lúcida e atuante dentro do *maxi*mecanismo da equipe multidimensional.

194. **Projeção consciente assistida.** Aquela pela qual a conscin vê-se assistida durante o ex- perimento, de modo direto, por um amparador, quase sempre perito em projetabilidade lúcida (PL). Projeção semiconsciente (PSC) – Experiência onírica em que a conscin projetada se reconhece lúcida em parte, de modo desordenado. Não é uma projeção consciencial ideal; sonho lúcido.

195. **Projeciocrítica.** Crítica projeciológica. Especialidade da Projeciocriticologia.

196. **Projeciografia.** Estudo técnico dos registros projeciológicos. Especialidade da Projeciografologia.

197. **Projeciologia** (Latim: *projectio, projeção;* Grego: *logos, tratado*). Ciência que estuda as projeções da consciência e seus efeitos, inclusive as projeções das ECs para fora do holossoma. É uma especialidade da Conscienciologia.

198. **Projetabilidade lúcida** (PL). Qualidade parafisiológica, projetiva, lúcida, da consciência, capaz de descoincidir-se ou tirar os seus veículos de manifestação da condição de alinhamento do holossoma, inclusive através da impulsão da própria vontade.

199. **Projetor consciente** *(Homo sapiens projector).* Conscin, homem ou mulher, capaz de experimentar com lucidez e discernimento, o fenômeno da projeção consciente por intermédio da própria vontade

decidida, destacando a autoconsciência com o soma a distância, através do emprego direto do psicossoma ou o mentalsoma de maneira espontânea e assistida.

200. **Psicosfera.** Conjunto de manifestações energéticas da consciência, dentro do holopensene pessoal, que envolve todo o holochacra, a aura e demais manifestações da sua intencionalidade em qualquer dimensão consciencial.

201. **Psicossoma** (Grego: *psyckhé*, alma; *soma*, corpo). Paracorpo emocional da consciência; o *corpo objetivo* da conscin.

202. **Recexibilidade.** Qualidade da aplicação intrafísica da *técnica da recéxis*.

203. **Recéxis** *(rec + exis)*. *Técnica da reciclagem existencial* realizada pela consciência humana.

204. **Reciclante existencial.** Conscin que se dispõe a realizar a recéxis.

205. **Recin** *(reci + in)*. A reciclagem intrafísica, existencial, *intra*consciencial ou a renovação cerebral da conscin através da criação de novas sinapses ou conexões interneuroniais capazes de permitir o ajuste da proéxis, a consecução da recéxis, a invéxis, a aquisição de ideias novas, os neopensenes, os hiperpensenes e outras conquistas neofílicas da consciência humana automotivada.

206. **Ressoma.** Renascimento somático da consciex, passando para a condição temporária de conscin ou saindo da extrafisicalidade para intrafisicalidade.

207. **Retrocognição** (Latim: *retro*, atrás; *cognoscere*, conhecer). Faculdade perceptiva pela qual a conscin fica conhecendo fatos, cenas, formas, objetos, sucessos e vivências pertencentes ao tempo passado distante, comumente relacionados com a sua holomemória.

208. **Reurbex.** Mudança para melhor dos ambientes e comunidades extrafísicas doentias, anticosmoeticamente degradados, patrocinado pelos seres Serenões.

209. **Robéxis** *(rob + exis)*. Robotização existencial; condição da conscin troposférica, excessivamente escravizada à intrafisicalidade ou quadridimensionalidade.

210. **Semiconsciex** *(Homo sapiens semiextraphysicus)*. Conscin avançada atuante com desenvoltura na dimensão intrafísica, tendo atingido o estágio no qual o parapsiquismo lhe permite viver continua-

mente alerta para a dimensão extrafísica, de modo sadio, otimizando os empreendimentos evolutivos.

211. **Serenão** *(Homo sapiens serenissimus)***.** Consciência quando na vivência integral da condição do serenismo lúcido.

212. **Serialidade.** Qualidade da consciência sujeita às seriéxis.

213. **Seriéxis** *(seri + exis)***.** Seriação existencial evolutiva da consciência; existências sucessivas; renascimentos intrafísicos em série.

214. **Sinalética parapsíquica.** Existência, identificação e emprego autoconsciente dos sinais energéticos, anímicos, parapsíquicos e personalíssimos, ou que toda conscin possui.

215. **Sincronicidade.** Qualidade da realidade sincrônica ocorrendo, existindo ou se apresentando ao mesmo tempo, simultânea, concomitante, homócrona, tautócrona, contemporânea, interconectada, inclusive em lugares diferentes, ao modo de coincidência de determinado acontecimento com outro.

216. **Sociex** *(soci + ex)***.** Sociedade Extrafísica ou das consciexes. Plural: Sociexes.

217. **Socin** *(soci + in)***.** Sociedade Intrafísica ou das conscins; Sociedade Humana. Plural: Socins.

218. **Soerguimento ortoexemplarista.** Capacidade, ato ou efeito de a conscin, homem ou mulher, soerguer-se, levantar-se e revitalizar-se recuperando o ânimo, a motivação e o otimismo frente às adversidades e desafios da existência intrafísica investindo na reciclagem intra e extraconsciencial com exemplarismo evolutivo.

219. **Soma.** Corpo humano; o corpo do indivíduo do reino *Animal,* filo *Cordata,* classe *Mamíferos,* ordem *Primatas,* família *Hominídia,* gênero *Homo,* espécie *Homo sapiens,* o mais elevado nível de animal sobre este Planeta; apesar do exposto, o veículo mais rústico do holossoma da consciência humana.

220. **Subcérebro abdominal.** O umbilicochacra (centro de energia consciencial acima do umbigo), quando escolhido inconscientemente pela conscin, ainda de evolução medíocre, para sede de suas manifestações. O cérebro abdominal, *pseudo*cérebro abdominal, ou *sub*cérebro abdominal é a *eminência parda* do cérebro natural, encefálico (coronochacra e frontochacra); um embaraço indefensável na autevolução consciente.

221. **Tacon** *(ta + con)*. *Ta*refa da *con*solação, assistencial, pessoal ou grupal, primária.

222. **Tares** *(tar + es)*. *Tar*efa do *es*clarecimento, assistencial, pessoal ou grupal, avançada. Plural: tarefas do esclarecimento.

223. **Teática** *(te + ática)*. Vivência conjunta da *te*oria e da pr*ática* por parte da conscin ou da consciex.

224. **Teleguiado autocrítico** *(Homo sapiens teleguiatus)*. Conscin autocrítica, com orientação própria e sem perda da identidade, ao mesmo tempo, guiada à distância, ou de outra dimensão evoluída, por amparador ou evoluciólogo extrafísico.

225. **Tenepes** *(t + ene + pes)*. *T*arefa *ene*rgética *pes*soal, diária, multidimensional, com assistência permanente de amparadores, a longo prazo ou para o restante da vida intrafísica. Expressão popular: *passes-para-o-escuro.*

226. **Tenepessista** *(Homo sapiens tenepessista)*. Conscin já atuante consciente e interdimensionalmente com produtividade na tarefa energética pessoal (tenepes).

227. **Traf*al*** *(tra + fal)*. *Traço-fal*tante da personalidade da consciência; condição da ausência de determinado trafor – traço-força – básico para a personalidade conscin ou consciex, completar o quadro pessoal, razoável, conscienciométrico, do próprio nível evolutivo.

228. **Traf*ar*** *(tra + far)*. *Traço-far*do da personalidade da conscin; componente negativo da estrutura do microuniverso consciencial que a consciência ainda não consegue alijar de si ou desvencilhar-se até o momento.

229. **Traf*or*** *(tra + for)*. *Traço-for*ça da personalidade da conscin; componente positivo da estrutura do microuniverso consciencial que impulsiona a evolução da consciência.

230. **Tridotação consciencial.** Qualidade dos 3 talentos conjugados mais úteis ao conscienciólogo: a intelectualidade, o parapsiquismo e a comunicabilidade; tridotalidade consciencial.

231. **Tritanatose.** Desativação e descarte do psicossoma com a entrada da consciência do *Homo sapiens serenissimus* na condição de Consciência Livre (CL); terceira dessoma.

232. **Umbilicochacra** *(umbilico + chacra)*. O chacra umbilical (acima do umbigo) ou relativo à fisiologia e parafisiologia (abdominais) da consciência humana.

233. **Universalismo.** Conjunto de ideias derivadas da universalidade das leis básicas da Natureza e do Universo e que, através da evolução natural da consciência, torna-se inevitavelmente, a sua filosofia dominante; cosmismo.

234. **Varejismo consciencial.** Sistema primário de comportamento individual caracterizado pela ação através de atos conscienciais menores, isolados e de mínimo resultado produtivo ou efeito evolutivo magno.

235. **Veículo da consciência.** Instrumento ou corpo pelo qual a consciência se manifesta na intrafisicalidade (conscin) e nas dimensões extrafísicas (conscin projetada e consciex).

236. **Verbação** *(verb + ação)*. Interação prática do verbo e da ação no comportamento coerente da consciência; resultado da palavra ratificada pelo exemplo através dos testemunhos vi- vidos pela conscin.

237. **Vínculo consciencial.** Ligação cosmoética, autolúcida, voluntária e policármica, entre colaborador e instituição. O vínculo consciencial se situa além do vínculo empregatício.

238. **Vivência Pessoal** (VP). Experimentação prática, pessoal, direta, intransferível, da conscin em seu caminho evolutivo.

239. **Xenofrenia** (Grego: *xenos,* estranho; *phrem,* mente). Estado da consciência humana, fora do padrão normal da vigília física ordinária, induzido por agentes físicos, fisiológicos, psico- lógicos, farmacológicos ou parapsíquicos.

240. **Zooconviviologia.** Ciência ou especialidade da Conscienciologia dedicada a investigar o convívio com os animais.

241. **Zoopensene** *(zoo + pen + sen + ene)*. O pensene do animal subumano, sem autocons- ciencialidade; a unidade de medida do princípio consciencial do animal subumano, segundo a Conscienciometria.

Bibliografia Específica

01. **Alegre,** Pilar; ***Tenepessismo 24 horas;*** verbete; In: **Vieira,** Waldo; Org.; ***Enciclopédia da Conscienciologia;*** apres. Coordenação da ENCYCLOSSAPIENS; revisores Equipe de Revisores da ENCYCLOSSAPIENS; CLXXIV+23.004 p.; 1.112 citações; 11 cronologias; 33 *E-mails;* 206.055 enus.; 602 especialidades; 1 foto; glos. 4.580 termos (verbetes); 701 microbiografias; 270 tabs.; 702 verbetógrafos; 28 *websites;* 670 filmes; 54 videografias; 1.087 webgrafias; 13.896 refs.; 9ª Ed. rev. e aum.; Digital; *Associação Internacional de Enciclopediologia Conscienciológica* (ENCYCLOSSAPIENS); & *Associação Internacional Editares;* Foz do Iguaçu, PR; 2018; ISBN 978-85-8477-120-2; páginas 21.948 a 21.957; disponível em: <http://encyclossapiens.space/nona/ECDigital9.pdf>; acesso em: 04.03.2020; 21h33.

02. **Koller,** Marlene; ***Autorreestruturação Pensênica; Consciência Rebelde; Década Ambiental; Farol Evolutivo Grupocármico; Holoconvivialidade Pacífica; Técnica de Levantamento dos Aportes; Travão Familiar;*** verbetes; In: **Vieira,** Waldo; Org.; ***Enciclopédia da Conscienciologia;*** apres. Coordenação da ENCYCLOSSAPIENS; revisores Equipe de Revisores da ENCYCLOSSAPIENS; CLXXIV+23.004 p.; 1.112 citações; 11 cronologias; 33 *E-mails;* 206.055 enus.; 602 especialidades; 1 foto; glos. 4.580 termos (verbetes); 701 microbiografias; 270 tabs.; 702 verbetógrafos; 28 *websites;* 670 filmes; 54 videografias; 1.087 webgrafias; 13.896 refs.; 9ª Ed. rev. e aum.; Digital; *Associação Internacional de Enciclopediologia Conscienciológica* (ENCYCLOSSAPIENS); & *Associação Internacional Editares;* Foz do Iguaçu, PR; 2018; ISBN 978-85-8477-120-2; páginas 3.997 a 4.001, 6.560 a 6.563, 8.031 a 8.034, 10.870 a 10.873, 11.994 a 11.998, 21.622 a 21.625 e 22.287 a 22.290; disponível em: <http://encyclossapiens.space/nona/ECDigital9.pdf>; acesso em: 06.12.2019; 04h11.

03. **Mota,** Tathiana; ***Curso Intermissivo: Você se Preparou para os Desafios da Vida Humana?;*** revisores César Machado; & Laura Bruna Araujo; pref. Ana Luiza Rezende; 200 p.; 10 caps.; 3 partes; 6 enus.; 1 *E-mail;* 36 perguntas; 10 respostas; 1 *website;* 14 webgrafias; 1 posf.; 83 refs.; índice de verbetes da *Enciclopédia da Conscienciologia;* alf.; 23 x 16 cm.; br.; *Associação Internacional Editares;* Foz do Iguaçu, PR; 2016; páginas 3 a 200.

04. **Rodrigues,** Elizabeth; ***Técnica de Mais 1 ano de Vida Intrafísica;*** verbete; In: **Vieira,** Waldo; Org.; ***Enciclopédia da Conscienciologia;*** apres. Coordenação da ENCYCLOSSAPIENS; revisores Equipe de Revisores da ENCYCLOSSAPIENS; CLXXIV+23.004 p.; 1.112 citações; 11 cronologias; 33 *E-mails;* 206.055 enus.; 602 especialidades; 1 foto; glos. 4.580 termos (ver-

betes); 701 microbiografias; 270 tabs.; 702 verbetógrafos; 28 *websites;* 670 filmes; 54 videografias; 1.087 webgrafias; 13.896 refs.; 9ª Ed. rev. e aum.; Digital; *Associação Internacional de Enciclopediologia Conscienciológica* (ENCYCLOSSAPIENS); & *Associação Internacional Editares;* Foz do Iguaçu, PR; 2018; ISBN 978-85-8477-120-2; páginas 21.626 a 21.632; disponível em: <http://encyclossapiens.space/nona/ECDigital9.pdf>; acesso em: 26.01.2020; 22h07.

05. **Teles,** Mabel; ***Zéfiro: A Paraidentidade Intermissiva de Waldo Vieira;*** revisores Erotides Louly; *et al.;* 240 p.; 3 seções; 14 caps.; 113 citações; 22 *E-mails;* 32 enus.; 37 fotos; 1 linha do tempo; 1 minicurrículo; 2 tabs.; 20 *websites;* glos. 210 termos; 45 refs.; alf.; geo.; ono.; 23 x 16 cm; br.; *Associação Internacional Editares;* Foz do Iguaçu, PR; 2014; páginas 74, 98 a 103, 153 e 157.

06. **Vieira,** Waldo; ***Amizade Raríssima; Prova Geral de Conscienciologia;*** verbetes; In: **Vieira,** Waldo; Org.; ***Enciclopédia da Conscienciologia;*** apres. Coordenação da ENCYCLOSSAPIENS; revisores Equipe de Revisores da ENCYCLOSSAPIENS; CLXXIV+23.004 p.; 1.112 citações; 11 cronologias; 33 *E-mails;* 206.055 enus.; 602 especialidades; 1 foto; glos. 4.580 termos (verbetes); 701 microbiografias; 270 tabs.; 702 verbetógrafos; 28 *websites;* 670 filmes; 54 videografias; 1.087 webgrafias; 13.896 refs.; 9ª Ed. rev. e aum.; Digital; *Associação Internacional de Enciclopediologia Conscienciológica* (ENCYCLOSSAPIENS); & *Associação Internacional Editares;* Foz do Iguaçu, PR; 2018; ISBN 978-85-8477-120-2; páginas 803 a 806 e 18.474 a 18.523; disponível em: <http://encyclossapiens.space/nona/ECDigital9.pdf>; acesso em: 26.01.2020; 22h07.

07. **Idem; *Dicionário de Argumentos da Conscienciologia;*** revisores Equipe de Revisores do Holociclo; 1.572 p.; 1 *blog;* 21 *E-mails;* 551 enus.; 1 esquema da evolução consciencial; 18 fotos; glos. 650 termos; 19 *websites;* alf.; 28,5 x 21,5 x 7 cm; enc.; *Associação Internacional Editares;* Foz do Iguaçu, PR; 2014a; páginas 697, 871 e 1.062.

08. **Idem; *200 Teáticas da Conscienciologia: Especialidades e Subcampos;*** revisores Alexander Steiner; *et al.;* 260 p.; 200 caps.; 15 *E-mails;* 8 enus.; 1 foto; 1 microbiografia; 2 *websites;* 13 refs.; alf.; 21 x 14 cm; br.; *Instituto Internacional de Projeciologia e Conscienciologia* (IIPC); Rio de Janeiro, RJ; 1997; páginas 42 e 56.

09. **Idem; *Homo sapiens pacificus;*** revisores Equipe de Revisores do Holociclo; 1.584 p.; 24 seções; 413 caps.; 403 abrevs.; 38 *E-mails;* 434 enus.; 484 estrangeirismos; 1 foto; 37 ilus.; 168 megapensenes trivocabulares; 1 microbiografia; 36 tabs.; 15 *websites;* glos. 241 termos; 25 pinacografias; 103 musicografias; 24 discografias; 20 cenografias; 240 filmes; 9.625 refs.; alf.; geo.; ono.; 29 x 21,5 x 7 cm.; enc.; 3ª Ed. Gratuita; *Associação Internacional do Centro de Altos Estudos da Conscienciologia* (CEAEC); & *Associação Internacional Editares;* Foz do Iguaçu, PR; 2007; página 208 e 903 a 982.

10. **Idem; *Homo sapiens reurbanisatus;*** revisores Equipe de Revisores do Holociclo; 1.584 p.; 24 seções; 479 caps.; 139 abrevs.; 12 *E-mails;* 597

enus.; 413 estrangeirismos; 1 foto; 40 ilus.; 1 microbiografia; 25 tabs.; 4 *websites;* glos. 241 termos; 3 infográficos; 102 filmes; 7.663 refs.; alf.; geo.; ono.; 29 x 21 x 7 cm; enc.; Ed. Princeps; *Associação Internacional do Centro de Altos Estudos da Conscienciologia* (CEAEC); Foz do Iguaçu, PR; 2003; página 198.

11. **Idem; *Léxico de Ortopensatas;*** revisores Equipe de Revisores do Holociclo; 2 Vols.; 1.800 p.; Vols. 2; 1 *blog;* 652 conceitos analógicos; 22 *E-mails;* 19 enus.; 1 esquema da evolução consciencial; 17 fotos; glos. 6.476 termos; 1.811 megapensenes trivocabulares; 1 microbiografia; 20.800 ortopensatas; 2 tabs.; 120 técnicas lexicográficas; 19 *websites;* 28,5 x 22 x 10 cm; enc.; *Associação Internacional Editares;* Foz do Iguaçu, PR; 2014b; páginas 108, 219 e 220, 552, 704, 747, 764, 1.422, 1.423 e 1.622.

12. **Idem; *Manual da Proéxis: Programação Existencial;*** revisores Erotides Louly; & Helena Araújo; 164 p.; 40 caps.; 18 *E-mails;* 86 enus.; 1 foto; 1 microbiografia; 16 *websites;* 17 refs.; alf.; 21 x 14 cm; br.; 5ª Ed. rev.; *Associação Internacional Editares;* Foz do Iguaçu, PR; 2011a; página 49.

13. **Idem; *Manual da Tenepes: Tarefa Energética Pessoal;*** revisor Alexander Steiner; 138 p.; 34 caps.; 147 abrevs.; 1 *E-mail;* 52 enus.; 1 foto; 1 microbiografia; 1 *website;* glos. 282 termos; 5 refs.; alf.; 21 x 14 cm; br.; 2ª Ed.; *Instituto Internacional de Projeciologia;* Rio de Janeiro, RJ; 1996; páginas 11 e 18.

14. **Idem; *Projeciologia: Panorama das Experiências da Consciência Fora do Corpo Humano;*** revisores Alexander Steiner; *et al.;* 1.232 p.; 18 seções; 525 caps.; 150 abrevs.; 16 *E-mails;* 1.156 enus.; 1 escala; 1 foto; 3 gráfs.; 42 ilus.; 1 microbiografia; 1 sinopse; 2 tabs.; 2 *websites;* glos. 300 termos; 1.907 refs.; alf.; geo.; ono.; 28 x 21 x 7 cm; enc.; 4ª Ed. rev. e aum.; *Instituto Internacional de Projeciologia e Conscienciologia* (IIPC); Rio de Janeiro, RJ; 1999; páginas 22 a 32.

15. **Idem; *700 Experimentos da Conscienciologia;*** 1.058 p.; 40 seções; 100 subseções; 700 caps.; 147 abrevs.; 1 cronologia; 600 enus.; 272 estrangeirismos; 2 tabs.; 300 testes; glos. 280 termos; 5.116 refs.; alf.; geo.; ono.; 28,5 x 21,5 x 7 cm; enc.; *Instituto Internacional de Projeciologia;* Rio de Janeiro, RJ; 1994; página 607, 626 e 611.

Videografia Verbetográfica Específica

Capítulo 1

Consciência Rebelde – Tertúlia 2.965. Disponível em: <https://m.youtube.com/watch?v=ifaHVwA_1ig>, acesso em: 08.03.2020; 1h31.

Capítulo 2

Travão Familiar – Tertúlia 1.883. Disponível em: <https://m.youtube.com/watch?v=T5q76_T9gqc>, acesso em: 08.03.2020; 1h32.

Capítulo 3

Técnica de Levantamento dos Aportes – Tertúlia 3.856. Disponível em: <https://m.youtube.com/watch?v=3hWbnnJL0K0>, acesso em: 08.03.2020; 1h33.

Capítulo 4

Farol Evolutivo Grupocármico – Tertúlia 4.138. Disponível em: <https://m.youtube.com/watch?v=BvlrDeYCt9k>, acesso em: 08.03.2020; 1h34.

Capítulo 5

Década Ambiental – Tertúlia 3.616. Disponível em: <https://m.youtube.com/watch?v=zLPLIPqIrzo>, acesso em: 08.03.2020; 1h35.

Capítulo 6

Autorreestruturação Pensênica – Tertúlia 3.876. Disponível em: <https://m.youtube.com/watch?v=gBH9TX9MMtQ>, acesso em: 08.03.2020; 1h36.

Capítulo 7

Holoconvivialidade Pacífica – Tertúlia 2.605. Disponível em: <https://m.youtube.com/watch?v=m-F0dz52lVY>, acesso em: 08.03.2020; 1h37.

Índice Remissivo

Instituições Conscienciocêntricas

ICs. As *Instituições Conscienciocêntricas* (ICs) são organizações cujos objetivos, metodologias de trabalho e modelos organizacionais estão fundamentados no *Paradigma Consciencial.* A atividade principal das ICs é apoiar a evolução das consciências através da *tarefa do esclarecimento* pautada pelas *verdades relativas de ponta,* encontradas nas pesquisas no campo da Ciência Conscienciologia e especialidades.

Voluntariado. Todas as *Instituições Conscienciocêntricas* são associações independentes, de caráter privado, sem fins de lucro e mantidas predominantemente pelo trabalho voluntário de professores, pesquisadores, administradores e profissionais de diversas áreas.

CCCI. O conjunto das *Instituições Conscienciocêntricas* e dos voluntários da Conscienciologia no planeta compõe a *Comunidade Conscienciológica Cosmoética Internacional* (CCCI) formada atualmente por 24 ICs, incluindo a *Associação Internacional Editares.*

AIEC – Associação Internacional para Expansão da Conscienciologia
Fundação: 22/04/2005
Sede: Av. Felipe Wandscheer, 6.200, sala 111, Cognópolis, Foz do Iguaçu, Paraná, Brasil, CEP: 85856-850
Tel.: +55 (45) 2102-1411
Site: www.worldaiec.org
Contato: info@worldaiec.org

APEX – Associação Internacional da Programação Existencial
Fundação: 20/02/2007
Sede: Rua da Cosmoética, 1.635, sala 12, Cognópolis, Foz do Iguaçu, Paraná, Brasil, CEP: 85856-852
Tel.: +55 (45) 2102-1499; +55 (45) 9-9134-1185
Site: www.apexinternacional.org
Contato: contato@apexinternacional.org

ARACÊ – ASSOCIAÇÃO INTERNACIONAL PARA EVOLUÇÃO DA CONSCIÊNCIA
Fundação: 14/04/2001
***Campus* ARACÊ:** Rota do Conhecimento, Km 7, acesso pela BR-262 Km 86, Distrito de Aracê, Domingos Martins, Espírito Santo, Brasil
Endereço para correspondência: Caixa Postal 110, Pedra Azul, Domingos Martins, Espírito Santo, Brasil, CEP: 29278-000
Tel.: +55 (27) 9-9997-3120
Site: www.arace.org
Contato: associacao@arace.org

ASSINVÉXIS – ASSOCIAÇÃO INTERNACIONAL DE INVERSÃO EXISTENCIAL
Fundação: 22/07/2004
***Campus* de Invexologia:** Av. Maria Bubiak, 1.100, Cognópolis, Foz do Iguaçu, Paraná, Brasil, CEP: 85853-789
Tel.: +55 (45) 3525-0913
Site: www.assinvexis.org
Contato: contato@assinvexis.org

ASSIPI – ASSOCIAÇÃO INTERNACIONAL DE PARAPSIQUISMO INTERASSISTENCIAL
Fundação: 29/12/2011
Sede: Av. Felipe Wandscheer, 6.200, sala 212, Cognópolis, Foz do Iguaçu, Paraná, Brasil, CEP: 85856-850
Tel.: +55 (45) 9-9101-8856
Site: www.assipi.org
Contato: assipi@assipi.com

CEAEC – ASSOCIAÇÃO INTERNACIONAL DO CENTRO DE ALTOS ESTUDOS DA CONSCIENCIOLOGIA
Fundação: 15/07/1995
Sede: Rua da Cosmoética, 1.635, Cognópolis, Caixa Postal 921, Foz do Iguaçu, Paraná, Brasil, CEP: 85856-852
Tel.: +55 (45) 2102-1499
Site: www.ceaec.org
Contato: ceaec@ceaec.org

COMUNICONS – ASSOCIAÇÃO INTERNACIONAL DE COMUNICAÇÃO CONSCIENCIOLÓGICA
Fundação: 24/07/2005
Sede: Av. Felipe Wandscheer, 6.200, sala 206, Cognópolis, Foz do Iguaçu, Paraná, Brasil, CEP: 85856-850
Tel.: +55 (45) 9-8827-5920
Site: www.comunicons.org.br
Contato: comunicons@comunicons.org

CONSCIUS – Associação Internacional de Conscienciometria Interassistencial
Fundação: 24/02/2006
Sede: Av. Felipe Wandscheer, 6.200, sala 110, Cognópolis, Foz do Iguaçu, Paraná, Brasil, CEP: 85856-850
Tel.: +55 (45) 2102-1460
Site: www.conscius.org.br
Contato: conscius@conscius.org.br

CONSECUTIVUS – Associação Internacional de Pesquisas Seriexológicas e Holobiográficas
Fundação: 14/12/2014
Sede: Av. Felipe Wandscheer, 6.200, Casa 351, Cognópolis, Foz do Iguaçu, Paraná, Brasil, CEP: 85856-850
Tel.: +55 (45) 9-9121-0717
Site: www.consecutivus.com.br
Contato: consecutivus@consecutivus.com.br

COSMOETHOS – Associação Internacional de Cosmoeticologia
Fundação: 03/10/2015
Sede: Av. Felipe Wandscheer, 6.200, sala 104, Cognópolis, Foz do Iguaçu, Paraná, Brasil, CEP: 85856-850
Tel.: +55 (45) 9-9927-0880
Site: www.cosmoethos.org.br
Contato: contato@cosmoethos.org.br

ECTOLAB – Associação Internacional de Pesquisa Laboratorial em Ectoplasmia e Paracirurgia
Fundação: 14/07/2013
Sede: Avenida Felipe Wandscheer, 6.200, sala 105, Cognópolis, Foz do Iguaçu, Paraná, Brasil, CEP: 85856-850
Tel.: +55 (45) 2102-1417; +55 (45) 9-9101-1407
Site: www.ectolab.org
Contato: ectolab@ectolab.org

EDITARES – Associação Internacional Editares
Fundação: 23/10/2004
Sede: Av. Felipe Wandscheer, 6.200, sala 100D, Cognópolis, Foz do Iguaçu, Paraná, Brasil, CEP: 85856-850
Tel.: +55 (45) 2102-1407 – VOIP: +55 (45) 4053-953
Site: www.editares.org.br
Contato: vendas@editares.org

ENCYCLOSSAPIENS – Associação Internacional de Enciclopediologia Conscienciológica
Fundação: 21/12/2013
Sede: Rua da Cosmoética, 1.635, Cognópolis, Foz do Iguaçu, Paraná, Brasil, CEP: 85856-852
Tel.: +55 (45) 2101-1499
Site: www.encyclossapiens.org
Contato: contato@encyclossapiens.org

EVOLUCIN – Associação Internacional de Conscienciologia para Infância
Fundação: 09/07/2006
Sede: Av. Felipe Wandscheer, 6.200, sala 204, Cognópolis, Foz do Iguaçu, Paraná, Brasil, CEP: 85856-850
Tel.: +55 (45) 9-9121-4343
Site: www.evolucin.org
Contato: evolucin@gmail.com

IC TENEPES – Associação Internacional de Tenepessologia
Fundação: 11/06/2016
Sede: Av. Felipe Wandscheer, 6.200, sala 205, Cognópolis, Foz do Iguaçu, Paraná, Brasil, CEP: 85856-850
Tel.: +55 (45) 9131-2855
Site: www.ictenepes.org

IIPC – Instituto Internacional de Projeciologia e Conscienciologia
Fundação: 16/01/1988
Sede: Av. Felipe Wandscheer, 6.200, sala 103, Cognópolis, Foz do Iguaçu, Paraná, Brasil, CEP: 85856-850
***Campus* de Pesquisas IIPC:** Estrada do Universalismo, 1.177, Sampaio Correa, Saquarema, Rio de Janeiro, Brasil, CEP: 28997-970
Tel.: +55 (45) 2102-1448
Site: www.iipc.org.br
Contato: iipc@iipc.org.br

INTERCAMPI – Associação Internacional dos *Campi* de Pesquisas da Conscienciologia
Fundação: 23/07/2005
Sede: Av. Antonio Basílio, 3006, sala 602, Lagoa Nova, Natal, Rio Grande do Norte, Brasil, CEP: 59056-005
Tel.: +55 (84) 3211-3126
Site: www.intercampi.org
Contato: intercampi@intercampi.org

INTERPARES – ASSOCIAÇÃO INTERNACIONAL DE APORTES INTERASSISTENCIAIS
Fundação: 15/05/2016
Sede: Rua Cosmoética, 1.635, sala 11, Cognópolis, Foz do Iguaçu, Paraná, Brasil, CEP: 85856-852
Tel.: +55 (45) 9 9124-7689
Site: www.interpares.org.br
Contato: interpares@interpares.org.br

JURISCONS – ASSOCIAÇÃO INTERNACIONAL DE PARADIREITOLOGIA
Fundação: 25/04/2015
Sede: Av. Felipe Wandscheer, 6.200, sala 350 A, Cognópolis, Foz do Iguaçu, Paraná, Brasil, CEP: 85856-850
Site: www.juriscons.org
Contato: juriscons@juriscons.org

OIC – ORGANIZAÇÃO INTERNACIONAL DE CONSCIENCIOTERAPIA
Fundação: 06/09/2003
***Campus* OIC:** Av. Felipe Wandscheer, 6.945, Cognópolis, Foz do Iguaçu, Paraná, Brasil, CEP: 85856-850
Tel.: +55 (45) 3025-1404; +55 (45) 9-9992-1664
Site: www.oic.org.br
Contato: aco@oic.org.br

ORTHOCOGNITIVUS – ASSOCIAÇÃO INTERNACIONAL PARA IMPLANTAÇÃO DA COGNÓPOLIS EM SC
Fundação: 18/05/2018
Sede: Av. Mal. Castelo Branco, 65, Sala 1111, Torre B, Edifício Kennedy Towers, bairro Santa Campinas, São José, Santa Catarina, Brasil, CEP: 88101-020
Tel.: +55 (48) 99845-9931
Site: www.cognopolis-sc.org
Contato: contato@cognopolis-sc.org

REAPRENDENTIA – ASSOCIAÇÃO INTERNACIONAL DE PARAPEDAGOGIA E REEDUCAÇÃO CONSCIENCIAL
Fundação: 21/10/2007
Sede: Felipe Wandscheer, 6.560, Cognópolis Foz do Iguaçu, Paraná, Brasil, CEP: 85856-850
Tel.: +55 (45) 3525-2652 – Fax: +55 (45) 3525-5511
Site: www.reaprendentia.org
Contato: contato@reaprendentia.org.br

UNICIN – União das Instituições Conscienciocêntricas Internacionais
Fundação: 22/01/2005
Sede: Av. Felipe Wandscheer, 6.200, salas 201 a 203, Cognópolis, Foz do Iguaçu, Paraná, Brasil, CEP: 85856-850
Tel.: +55 (45) 2102-1405
Site: www.unicin.org
Contato: unicin@unicin.org

UNIESCON – União Internacional de Escritores da Conscienciologia
Fundação: 23/11/2008
Sede: Rua da Cosmoética, 1.635, Cognópolis, Foz do Iguaçu, Paraná, Brasil, CEP: 85856-852
Tel.: +55 (45) 2102-1499
Site: www.uniescon.org
Contato: uniescon.ccci@gmail.com

PROGRAMA AMIGOS DA ENCICLOPÉDIA

Amizades fazem enciclopédias.

Amigos. O programa *Amigos da Enciclopédia* surgiu no CEAEC em outubro de 2004, com o objetivo de viabilizar a estrutura física do Holociclo e da Holoteca, integrar voluntários afins com a Conscienciologia e permitir a publicação da *Enciclopédia da Conscienciologia*. Mais de 900 inscrições foram contabilizadas em 14 anos, o que torna o programa Amigos sem dúvida um dos maiores programas de incentivo da Conscienciologia.

Enciclopédia. A *Enciclopédia da Conscienciologia,* obra completa e abrangente no estudo da consciência, proposta e estruturada pelo Professor Waldo Vieira, vem sendo patrocinada financeiramente por meio do mecenato cosmoético e maxiproexista dos intermissivistas e voluntários da *Comunidade Conscienciológica Cosmoética Internacional* (CCCI).

Megaestruturas. A totalidade dos recursos arrecadados anualmente são integralmente investidos nas megaestruturas de produção e difusão da Enciclopédia: *Tertuliarium, Holociclo* e *Holoteca.*

Tertuliarium. O *Tertuliarium* é o auditório desenvolvido especialmente para a realização diária das *Tertúlias Conscienciológicas*. Tem capacidade de 362 lugares e é considerado o primeiro *Argumentarium* do Planeta, aberto ao público, gratuitamente, o ano todo.

Tertúlias. As *Tertúlias Conscienciológicas* do CEAEC compõem o Curso de Longo Curso no qual são apresentados e debatidos diariamente no *Tertuliarium* os verbetes da *Enciclopédia da Conscienciologia,* transmitidos via *Internet* para todo o Planeta.

Holociclo. Ambiente especializado na produção de conhecimento, o *Holociclo* é o megalaboratório técnico-científico onde são realizadas, desde 2000, pesquisas de ponta a respeito da consciência.

Holoteca. A *Holoteca* é o espaço cultural destinado à pesquisa e exposição de artefatos do saber, compreendendo centenas de especialidades de estudos e milhares de itens de coleções. São compêndios, filmes, selos, moedas, conchas, fotos, registros sobre personalidades e invenções que se destacaram ao longo do tempo.

Site. O interessado pode fazer a inscrição no programa **Amigos da Enciclopédia** no *site* **www.enciclopediadaconscienciologia.org,** tornando-se mantenedor e peça-chave na elaboração da Enciclopédia. Além disso, o *Amigo da Enciclopédia* dispõe de duas ferramentas avançadas de busca: *Holoserver* e *Verbetomática.*

Holoserver. O *Holoserver* é a ferramenta de busca, permitindo acesso *online* a grande parte do acervo publicado da Conscienciologia.

Verbetomática. O *Verbetomática* é ferramenta disponível para *download* e instalação, ou em versão *on-line,* permitindo consultas especializadas à Enciclopédia.

Informações. Mais informações podem ser obtidas pelo telefone (45) 2102-1499 ou através do *E-mail* **amigos@enciclopediadaconscienciologia.org**.

Equipe do Programa *Amigos da Enciclopédia*

Publicações da Editares

Autores	Títulos em Português (total: 133)
Adriana Kauati –	Síndrome do Impostor
Adriana Lopes –	Sensos Evolutivos e Contrassensos Regressivos
Alessandra Nascimento e Felix Wong –	Conscienciologia é Notícia
Alexandre Nonato –	JK e os Bastidores da Construção de Brasília
Alexandre Nonato *et al.* –	Acoplamento Energético
Alexandre Nonato *et al.* –	Inversão Existencial
Alexandre Zaslavsky (Editor) –	Interparadigmas 1 - Princípio da Descrença
Alexandre Zaslavsky (Editor) –	Interparadigmas 2 - Parapercepciologia
Alexandre Zaslavsky (Editor) –	Interparadigmas 3 - Pesquisa da Autoconsciência
Alexandre Zaslavsky (Editor) –	Interparadigmas 4 - Diálogos Interparadigmáticos
Alexandre Zaslavsky (Editor) –	Interparadigmas 5 - Precursores Interparadigmáticos
Aline Niemeyer –	Megapensenes Trivocabulares da Interassistencialidade
Aline Niemeyer e Lilian Zolet –	Técnicas Bioenergéticas para Crianças
Almir Justi *et al.* –	Competências Parapsíquicas
Alzemiro Rufino de Matos –	Vida: Oportunidade de Aprender
Alzira Gesing –	Intenção
Ana Luiza Resende *et al.* –	Manual do ECP2
Ana Seno –	Comunicação Evolutiva
Ana Seno e Eliane Stédile –	*Serenarium*
Anália Rosário Lopes *et al.* –	Dicionário de Tecas da Holotecologia
Antonio Fontenele –	Decisões Evolutivas

Autores	Títulos em Português (total: 133)
Antônio Pitaguari e Marina Thomaz	Redação e Estilística Conscienciológica
Arlindo Alcadipani	Itinerário Evolutivo de um Reciclante
Bárbara Ceotto	Diário de Autocura
Caio Polizel	Diretrizes da Autogestão Existencial
Cesar Cordioli	Calepino Conscienciológico
Cesar Cordioli	Conscienciologia
Cesar Machado	Antivitimização
Cesar Machado	Proatividade Evolutiva
Cesar Machado e Stéfani Sabetzki	Humanização Parapsíquica na UTI
Cirleine Couto	Contrapontos do Parapsiquismo
Cirleine Couto	Inteligência Evolutiva Cotidiana
Dalva Morem	Sempre é Tempo
Dayane Rossa	Megatrafor
Dayane Rossa	Oportunidade de Viver
Débora Klippel	O Pequeno Pesquisador
Dulce Daou	Autoconsciência e Multidimensionalidade
Dulce Daou	Vontade: Consciência Inteira
Eduardo Martins	Higiene Consciencial
Eliana Manfroi	Antidesperdício Consciencial
Eliane Wojslaw *et. al.*	Glossário Inglês-Português de Termos Essenciais da Conscienciologia
Ernani Brito, Rosemary Salles e Sandra Tornieri (Orgs.)	Livro dos Credores Grupocármicos
Eucárdio de Rosso (Org.)	Cosmoeticologia
Everaldo Bergonzini e Lilian Zolet	Convivialidade Sadia
Fernando Sivelli e Marineide Gregório	Autoexperimentografia Projeciológica
Flavia Rogick	Consciência Centrada na Assistência
Flavia Rogick	Mudar ou Mudar
Flávio Amado	Teáticas da Tenepes
Flávio Buononato	Anuário da Conscienciologia 2012
Flávio Buononato	Anuário da Conscienciologia 2013
Flávio Buononato	Anuário da Conscienciologia 2014
Flávio Buononato	Fatos e Parafatos da Cognópolis Foz do Iguaçu

Autores	Títulos em Português (total: 133)
Flávio Monteiro e Pedro Marcelino	Cons – Compreendendo Nossa Evolução
Giuliana Costa	Autobiografia de uma Personalidade Consecutiva
Graça Razera	Hiperatividade Eficaz
Guilherme Kunz	Manual do Materpensene
Isabel Manfroi	O Empreendedorismo Reurbanizador de Hércules Galló e Waldo Vieira
Jacqueline Nahas e Pedro Fernandes	*Homo Lexicographus*
Jayme Pereira	Bárbarah vai à Estrela
Jayme Pereira	Princípios do Estado Mundial Cosmoético
João Aurélio e Kátia Arakaki	Cognópolis Foz: um Lugar para se Viver
João Paulo Costa e Dayane Rossa	Manual da Conscin-Cobaia
João Ricardo Schneider	História do Parapsiquismo
Jovilde Montagna	Vivências Parapsíquicas de uma Pediatra
Julieta Mendonça	Manual do Texto Dissertativo
Julio Almeida	Qualificação Autoral
Julio Almeida	Qualificações da Consciência
Kátia Arakaki	Antibagulhismo Energético
Kátia Arakaki (Org.)	Autofiex: Teática do Ofiexista Waldo Vieira
Kátia Arakaki	Otimizações Pré-Tenepes
Kátia Arakaki	Viagens Internacionais
Laura Sánchez	Lastanosa
Lilian Zolet	Parapsiquismo na Infância
Lilian Zolet e Flávio Buononato	Manual do *Acoplamentarium*
Lilian Zolet e Guilherme Kunz	*Acoplamentarium:* Primeira Década
Lourdes Pinheiro e Felipe Araújo	Dicionário de Verbos Conjugados da Língua Portuguesa
Luciana Lavôr	Noite de Gala Mnemônica
Luciano Vicenzi	Coragem para Evoluir
Lucy Lutfi	Voltei para Contar
Luiz Bonassi	Paradoxos
Mabel Teles	Profilaxia das Manipulações Conscienciais

Autores	Títulos em Português (total: 133)
Mabel Teles –	Zéfiro
Málu Balona –	Autocura Através da Reconciliação
Málu Balona –	Síndrome do Estrangeiro
Marcelo da Luz –	Onde a Religião Termina?
Maria Helena Lagrota –	Minhas Quatro Estações
Maria Thereza Lacerda –	A Pedra do Caminho
Marilza Andrade –	Projeções Assistenciais
Marina Thomaz e Antonio Pitaguari –	Tenepes: Assistência Interdimensional Lúcida
Marta Ramiro –	Manual da Técnica da Recéxis
Maximiliano Haymann –	Prescrições para o Autodesassédio
Maximiliano Haymann –	Síndrome do Ostracismo
Miriam Kunz –	Antropozooconviviologia
Moacir Gonçalves e Rosemary Salles –	Dinâmicas Parapsíquicas
Paulo Mello –	Evolutividade Planejada
Phelipe Mansur –	Empreendedorismo Evolutivo
Reinalda Fritzen –	Caminhos de Autossuperação
Ricardo Rezende –	Voluntariado Conscienciológico Interassistencial
Roberto Leimig –	Vidas de Naturalista
Rodrigo Medeiros –	Clarividência
Rosa Nader –	Autodesrepressão
Rosa Nader –	Manual de Verbetografia (Org.)
Roseli Oliveira –	Dicionário de Eufemismos da Língua Portuguesa
Rosemary Salles –	Consciência em Revolução
Sandra Tornieri –	Mapeamento da Sinalética Energética Parapsíquica
Selma Prata –	O Cérebro Envelhece e o Paracérebro Enriquece
Silda Dries –	Teoria e Prática da Experiência Fora do Corpo
Tathiana Mota –	Curso Intermissivo
Tatiana Lopes –	Desenvolvimento da Projetabilidade Lúcida
Tony Musskopf –	Autenticidade Consciencial
Vera Hoffmann –	Sem Medo da Morte
Vera Tanuri –	Perdão
Wagner Alegretti –	Retrocognições

Autores	Títulos em Português (total: 133)
Wagner Strachicini –	Consciência Antidogmática
Waldo Vieira –	100 Testes da Conscienciometria
Waldo Vieira –	200 Teáticas da Conscienciologia
Waldo Vieira –	500 Verbetógrafos da Enciclopédia da Conscienciologia
Waldo Vieira –	700 Experimentos da Conscienciologia
Waldo Vieira –	Cristo Espera por Ti (edição comentada)
Waldo Vieira –	Dicionário de Argumentos da Conscienciologia
Waldo Vieira –	Dicionário de Neologismos da Conscienciologia
Waldo Vieira –	Enciclopédia da Conscienciologia
Waldo Vieira –	*Homo sapiens pacificus*
Waldo Vieira –	*Homo sapiens reurbanisatus*
Waldo Vieira –	Léxico de Ortopensatas
Waldo Vieira –	Manual da Dupla Evolutiva
Waldo Vieira –	Manual da Proéxis
Waldo Vieira –	Manual da Tenepes
Waldo Vieira –	Manual dos Megapensenes Trivocabulares
Waldo Vieira –	Nossa Evolução
Waldo Vieira –	O que é a Conscienciologia
Waldo Vieira –	Projeciologia
Waldo Vieira –	Projeções da Consciência

Autores	Títulos em Inglês (total: 18)
Alessandra Nascimento e Felix Wong –	*Conscientiology is News: Projectiology*
Cesar Machado –	*Antivictimization*
Débora Klippel –	*The Little Researcher: Multidimensionality*
Eduardo Martins –	*Conscential Hygiene*
Eliane Wojslaw *et al.* –	*The English-Portuguese Glossary of Essential Conscientiology Terms*
Eliana Manfroi –	*Consciential Antiwastage*
Flávio Monteiro e Pedro Marcelino –	*Cons - Understanding Our Evolution*

Autores	Títulos em Inglês (total: 18)
Jayme Pereira –	*Barbarah Visits a Star*
Lilian Zolet –	*Parapsychism in Childhood*
Mabel Teles –	*Zephyrus*
Marcelo da Luz –	*Where Does Religion End?*
Waldo Vieira –	*700 Conscientiology Experiments*
Waldo Vieira –	*Conscientiogram*
Waldo Vieira –	*Our Evolution*
Waldo Vieira –	*Penta Manual*
Waldo Vieira –	*Proexis Manual*
Waldo Vieira –	*Projectiology*
Waldo Vieira –	*Projections of the Consciousness*

Autores	Títulos em Espanhol (total: 11)
Alessandra Nascimento e Felix Wong –	*Concienciología es Noticia*
Gloria Thiago –	*Viviendo en Multiples Dimensiones*
Malu Balona –	*Síndrome del Extranjero*
Maximiliano Haymann –	*Síndrome del ostracismo*
Miguel Cirera –	*Evolución de la Inteligencia Parapsíquica*
Rosemary Salles –	*Conciencia en Revolución*
Waldo Vieira –	*Conscienciograma*
Waldo Vieira –	*Nuestra Evolución*
Waldo Vieira –	*Manual de la Teneper*
Waldo Vieira –	*Manual de la Proexis*
Waldo Vieira –	*Proyecciones de la Conciencia*

Onde comprar:
www.editares.org.br

EDITARES®

1. Área da Pesquisa:

Este livro pesquisa temas da *Grupocarmologia*, especialidade da Conscienciologia.

2. Princípio da Descrença:

Não acredite em nada, nem mesmo nas informações expostas neste livro, o inteligente é fazer pesquisas pessoais sobre os temas.

EDITARES®

www.ingramcontent.com/pod-product-compliance
Ingram Content Group UK Ltd.
Pitfield, Milton Keynes, MK11 3LW, UK
UKHW040316300826
14791UKWH00003B/918

9 786586 544060